MAYUMU: DESERTURI FILIPINO AMERICANE

100 de dulciuri care îmbină moștenirea filipineză cu flerul american

Mădălina Dobrică

Material cu drepturi de autor ©2024

Toate drepturile rezervate

Nicio parte a acestei cărți nu poate fi utilizată sau transmisă sub nicio formă sau prin orice mijloc fără acordul scris corespunzător al editorului și al proprietarului drepturilor de autor, cu excepția citatelor scurte utilizate într-o recenzie. Această carte nu trebuie considerată un substitut pentru sfaturi medicale, juridice sau alte sfaturi profesionale.

CUPRINS

CUPRINS **3**
INTRODUCERE **6**
DESERTURI UBE **7**
   1. Sorbet Ube & Mango 8
   2. Mochi-Style Ube Halaya 10
   3. Ube & Mango Lumpia 12
   4. Cheesecake Ube fără coacere 14
   5. Înghețată rulată Ube 17
   6. Ube Mochi 19
   7. Cupcakes Ube cu Bezea Ube 21
   8. Tort Ube Tres Leches 24
   9. Plăcintă cu cremă Ube și nucă de cocos 27
   10. Unt de pernă Ube 30
   11. Ube Panna Cotta 32
   12. Frozen Ube Halaya 35
   13. Înghețată Ube 37
   14. Tartele Ube 39
   15. Pandesal cu umplutură Ube 41
   16. Ube Flan 43
   17. Panna Cotta cu lapte de orez Ube 45
   18. Haupia And Ube Pie 47
   19. Ube Cheesecake Cu Crustă De Biscuiți De Cocos ...50
   20. Salata Ube Macapuno 53
   21. Tartă cu cremă Ube 55
   22. Malasadas Ube 58
   23. Prajitura de orez glutinos Ube Macapuno 60
   24. Ube Custard Mamon 62
   25. Ube și cafea Brownies 65
   26. Ube Crepes 67
   27. Pudră Ube Halaya 69
   28. Pâine cu lapte Ube 71
   29. Gogoși Ube Cu Glazură De Cocos 75
   30. Ube Banana Crunch 77
   31. Bake d Ube Cu Nuci Pecan 79
TOPPINGURI ȘI UMPLUTURI **81**
   32. Caș de nucă de cocos prăjită (Latik) 82
   33. Zmeura & Chamoy Pichi-Pichi 84
   34. Horchata Bibingka 86
   35. Fursecuri și smântână Suman Moron 88
   36. Speculoos Biko 90

- 37. Tahini Palitaw marmorat 92
- 38. Espasol Bites 94
- 39. Mini prajituri salabundt 96
- 40. Confetti Pianono 98
- 41. Cupcakes cu guava cu susul în jos cu ananas 100
- 42. Prajituri de lava topita Ube Macapuno 102
- 43. Mamon umplut cu marshmallow 104
- 44. Yema Buckeyes 106

DESERTURI DE MANGO 108
- 45. Cheesecake cu mango și chili 109
- 46. Mango proaspăt, miere și nucă de cocos 111
- 47. Desert cu orez lipicios cu mango filipinez 113
- 48. Plăcintă cu înghețată cu mango și chili 115
- 49. Budinca de tapioca de cocos cu mang o 117
- 50. Fructe Steaua In Sos Mango-Portocale 119
- 51. Tort cu inghetata cu mango si chili 121
- 52. Mango Float 123

DESERTURI DE BANANE 125
- 53. Tort filipinez cu banane la abur 126
- 54. Biluțe de banane 128
- 55. Desert filipinez de banane-litchi în lapte de cocos 130
- 56. Banane filipineze în lapte de cocos 132
- 57. Cartofi Dulci și Banane În Lapte De Cocos 134
- 58. Rulouri de primăvară cu banane 136

DESERTURI DE OREZ 138
- 59. Prajitura aburita cu orez si nuca de cocos 139
- 60. Budincă De Orez Cu Sirop De Zahăr De Cocos Negru 141
- 61. Cești filipinezi cu orez pentru desert 143
- 62. Clătită dulce cu orez și nucă de cocos 145
- 63. Cremă Pandan și orez lipicios, dulce stratificat 147

SALATE DE FRUCTE 149
- 64. Salata Buko 150
- 65. Salată de fructe în stil filipinez 152
- 66. Salată de fructe tropicale 154

PÂINE 156
- 67. Ensaymada 157
- 68. Pan de Coco 159
- 69. Pâine spaniolă 161
- 70. Turon (Banana Lumpia) 163
- 71. Bicho-Bicho (gogoși răsucite) 165
- 72. Hopia 167
- 73. Pâine cu banane filipineză Bibingka 169

BUCĂTURI CONGELATE 172

74. Înghețată Pandan	173
75. Înghețată filipineză de mango	175
76. Inghetata Cu Sos Chili Caramel	177
77. Desert cu gheață ras	179
78. Popsicles Halo-Halo	181
79. Sorbet de mango și nucă de cocos	183
80. Granita de ananas si nuca de cocos	185
81. Bucăți de gheață cu mango și nucă de cocos	187
82. Inghetata de avocado	189

DESERTURI TOFU 191

83. Taho	192
84. Tofu Leche Flan	194
85. Tofu Halo-Halo	196
86. Tofu Maja Blanca	198
87. Tofu Mango Sago	200
88. Budinca de Tapioca Tofu Ube	202
89. Tofu Buko Pandan Salata	204

TARTINĂ ȘI DULCE 206

90. Matamis Na Bao	207
91. Dulceata de banane caramelizate si Jackfruit	209
92. Compot de piersici și mango	211
93. Dulceată de mango și ananas	213
94. Jeleu de guava	215
95. Marmeladă de Calamansi	217
96. Chutney de mango	219
97. Dulceata de cocos de ananas	221
98. Chili Mango Chutney	223
99. Chutney proaspăt de ananas	225
100. Chutney de lămâie	227

CONCLUZIE 229

INTRODUCERE

Bine ați venit la „MAYUMU: DESERTURI FILIPINO AMERICANE", unde sărbătorim fuziunea moștenirii filipineze cu flerul american prin 100 de delicii dulci care ispitesc papilele gustative și onorează tradițiile culinare. Mayumu, care înseamnă dulceață în filipineză, întruchipează esența acestei cărți de bucate în timp ce explorăm intersecția încântătoare a aromelor, tehnicilor și ingredientelor care definesc deserturile filipineze americane.

În această carte de bucate, vă veți porni într-o călătorie încântătoare prin lumea bogată și diversă a deserturilor filipineze americane. De la preparate clasice precum leche flan și halo-halo până la creații inovatoare precum ube cheesecake și pandan cupcakes, fiecare rețetă este o sărbătoare a amestecului cultural unic care caracterizează bucătăria filipineză americană. Indiferent dacă îți poftești arome nostalgice din copilărie sau cauți să explorezi noi orizonturi culinare, aceste deserturi oferă un gust dulce și satisfăcător al ambelor lumi.

Ceea ce diferențiază „MAYUMU: DESERTURI FILIPINO AMERICANE" este dedicarea sa față de autenticitate și creativitate. Fiecare rețetă se inspiră din deserturile tradiționale filipineze, încorporând în același timp răsturnări moderne și influențe din tradițiile culinare americane. Fie că folosești ingrediente familiare în moduri noi sau experimentezi combinații inovatoare de arome, aceste deserturi reflectă natura vibrantă și dinamică a bucătăriei filipineze americane.

Pe parcursul acestei cărți de bucate, veți găsi sfaturi practice pentru stăpânirea tehnicilor esențiale, aprovizionarea cu ingrediente autentice și pentru a vă infuza deserturile cu căldura și ospitalitatea culturii filipineze. Indiferent dacă gătiți pentru o ocazie specială, împărtășiți delicatese cu familia și prietenii sau pur și simplu vă răsfățați într-un moment dulce de îngrijire de sine, „Mayumu: Deserturi filipineze americane" vă invită să savurați bogata tapiserie de arome și experiențe care definesc acest lucru. moștenire culinară unică .

DESERTURI UBE

1. Sorbet Ube & Mango

INGREDIENTE:
- 1 cană ube (igname mov) piure
- 1 cană piure de mango
- 1/2 cană zahăr
- 1/4 cană apă
- 1 lingura suc de lamaie

INSTRUCȚIUNI:
a) Într-o cratiță mică, amestecați zahărul și apa. Se încălzește la foc mediu, amestecând constant până când zahărul este complet dizolvat. Se ia de pe foc si se lasa sa se raceasca.
b) Într-un blender, combina piureul ube, piureul de mango, siropul de zahăr răcit și sucul de lămâie. Se amestecă până la omogenizare.
c) Turnați amestecul într-un aparat de înghețată și amestecați conform instrucțiunilor producătorului până ajunge la o consistență de sorbet.
d) Transferați sorbetul într-un recipient și congelați cel puțin 4 ore înainte de servire.

2. Mochi-Style Ube Halaya

INGREDIENTE:
- 1 cană făină de orez lipicioasă
- 1/4 cană zahăr
- 1 cană apă
- 1/2 cană pudră ube halaya
- Făină suplimentară de orez glutinos pentru pudrat

INSTRUCȚIUNI:
a) Într-un castron sigur pentru cuptorul cu microunde, combinați făina de orez glutinos, zahărul și apa. Se amestecă până se omogenizează.
b) Pune amestecul la microunde la foc mare timp de 2-3 minute, amestecând în fiecare minut, până se îngroașă într-un aluat lipicios.
c) Lăsați aluatul să se răcească puțin, apoi împărțiți-l în porții mici și aplatizați fiecare porție într-un disc.
d) Puneți o cantitate mică de ube halaya pudră în centrul fiecărui disc de aluat, apoi prindeți marginile împreună pentru a sigila și a forma o minge.
e) Rulați bilele în făină suplimentară de orez lipicioasă pentru a preveni lipirea.
f) Serviți imediat sau păstrați într-un recipient ermetic la temperatura camerei timp de până la 2 zile.

3. Ube & Mango Lumpia

INGREDIENTE:
- Ambalaje Lumpia (cumpărate din magazin sau de casă)
- Ube halaya
- Felii de mango coapte
- Ulei de gatit pentru prajit
- Zahăr pudră pentru pudrat (opțional)

INSTRUCȚIUNI:
a) Întindeți un înveliș lumpia pe o suprafață curată.
b) Pune o cantitate mică de ube halaya în centrul ambalajului.
c) Pune o felie de mango copt deasupra ube halaya.
d) Îndoiți părțile laterale ale ambalajului peste umplutură, apoi rulați-l strâns într-un cilindru, sigilând marginile cu apă.
e) Repetați cu ambalajele și umplutura rămase.
f) Încălziți uleiul de gătit într-o friteuză sau o tigaie la 350 ° F (175 ° C).
g) Adăugați cu grijă rulourile de lumpia în uleiul încins în reprize, prăjindu-le până devin aurii și crocante, aproximativ 3-4 minute pe lot.
h) Scoateți lumpia din ulei și scurgeți-le pe prosoape de hârtie.
i) Opțional, pudrați lumpia cu zahăr pudră înainte de servire.
j) Serviți cald și bucurați-vă!

4.Cheesecake Ube fără coacere

INGREDIENTE:
INGREDIENTE DE Umplutură
- 2 cani de crema de branza vegana
- 1 cană ube 250 grame
- 1 cana crema de cocos
- ½ cană sirop de arțar
- ½ lingură de vanilie
- ½ lingură de scorțișoară

INGREDIENTE DE CRASTĂ
- 2 căni de nuci pecan
- ¼ cană zahăr de cocos
- ¼ cană ulei de cocos
- strop de vanilie
- vârf de cuțit de sare

INSTRUCȚIUNI:
a) Începe prin a-ți spăla și decoji ube. Apoi tăiați-o aproximativ în bucăți mai mici.
b) Se pune ube-ul in apa clocotita si se fierbe 7-10 minute, pana cand ignama este super moale si poti infige usor o furculita in ea.
c) Odată ce ube s-a fiert, pasează-l folosind o furculiță sau un zdrobitor de cartofi.
d) Măsurați 250 de grame, ceea ce este egal cu aproximativ 1 cană.
e) Adăugați ube, cremă de brânză, crema de cocos, siropul de arțar, vanilia și scorțișoara într-un robot de bucătărie și amestecați toate ingredientele până la omogenizare.
f) L-am amestecat pe al meu timp de cel puțin cinci minute la viteză mare pentru că îmi doream o textură super netedă.
g) Odată ce umplutura de cheesecake este cremoasă și netedă, puneți-o deoparte.
h) Într-un robot de bucătărie curat, adăugați nucile pecan, zahărul, uleiul de cocos, vanilia și sarea. Pulsați-le până când sunt bine combinate.
i) Tapetați o tavă elastică cu hârtie de copt și ungeți-o generos cu ulei de cocos.

j) Transferați umplutura de crustă în tigaie. Poate fi puțin moale și curgătoare, dar este în regulă pentru că se va întări în frigider.
k) Folosește o lingură pentru a te asigura că este întinsă uniform pe tigaie.
l) Acum turnați umplutura de cheesecake deasupra crustei și folosiți o lingură pentru a netezi blatul și a crea un strat uniform.
m) Dați cheesecake-ul la frigider peste noapte sau timp de 6 sau mai multe ore. Va avea nevoie de acest timp pentru a se întări complet.
n) Odată ce tortul este gata, tăiați-l și bucurați-vă!

5.Înghețată rulată Ube

INGREDIENTE:
- 1 cană ube cuburi
- 2 căni de smântână groasă
- Cutie de 14 uncii de lapte condensat îndulcit
- 1 lingurita extract de nuca de cocos
- Nucă de cocos prăjită, pentru ornat

INSTRUCȚIUNI:
a) Într-o cratiță mică, aduceți 4 căni de apă la fiert.
b) Adăugați ube-ul tăiat cubulețe și reduceți la fiert timp de 5 până la 10 minute până când furculița se înmoaie.
c) Strecurați bucățile de cartofi fierte și lăsați-le să se răcească.
d) Adăugați smântâna groasă, laptele condensat și ube fierte într-un blender.
e) Se amestecă la viteză mare timp de aproximativ 5 secunde până se combină.
f) Se toarnă amestecul pe o tavă de copt cu ramă și se lasă la congelat timp de aproximativ 30 de minute până când se întărește.
g) Tăiați înghețata în fâșii și folosiți o spatulă pentru a rula ușor înghețata în tuburi scurte.
h) Puneți fiecare tub într-un bol și acoperiți cu nucă de cocos prăjită.

6. Ube Mochi

INGREDIENTE:
- 4 ouă
- 2 căni de lapte fără grăsimi
- 1 cutie de 13,5 uncii lapte de cocos
- 1 lingurita de vanilie
- 2 lingurite extract de ube
- 1 cutie 16 uncii făină mochiko
- 2 căni de zahăr
- 2 lingurite praf de copt
- ½ lingurita sare
- 1/2 cana unt nesarat topit

INSTRUCȚIUNI:
a) Preîncălziți cuptorul la 350F.
b) Într-un castron mediu de amestecare, combinați ingredientele umede ouăle, laptele, laptele de cocos, extractul de ube și vanilia. Se amestecă pentru a combina. Pus deoparte.
c) Într-un castron mare, combinați ingredientele uscate făina mochiko, zahărul, praful de copt și sarea. Se amestecă pentru a combina.
d) Adăugați ingredientele umede pentru a se usuca. Se amestecă pentru a combina. Adaugati untul si amestecati din nou pana se omogenizeaza bine.
e) Tapetați o tavă de 9×13 cu hârtie de copt. Turnați amestecul în tavă și bateți tava pentru a elibera orice bule de aer.
f) Se da la cuptor si se da la cuptor pentru 1 ora sau pana capatul devine maro auriu.
g) Lăsați tigaia să se răcească complet înainte de a o tăia și a o savura.

7.Cupcakes Ube Cu Bezea Ube

INGREDIENTE:
PENTRU CUPCAKES
- 1 și 1/4 de unt nesărat la temperatura camerei
- 1 și 2/3 cană făină universală
- 3/4 linguri praf de copt
- 1 și 3/4 cană zahăr
- 1 lingurita sare
- 3 lingurite ube aromatizatoare Flavacol sau Mc Cormick
- 3 albusuri la temperatura camerei
- 3/4 cană lapte la temperatura camerei

PENTRU CREMA DE UNT UBE SWISS MERINGUE
- 3 albusuri
- 3/4 cană zahăr
- 1 si 1/2 baton unt nesarat inmuiat
- 1 lingura aroma ube

INSTRUCȚIUNI:
a) Preîncălziți cuptorul la 350 F. Tapetați o tavă pentru brioșe cu căptușeală pentru cupcake și tapetați una a doua cu 5 căptușeală.
b) Crema untul, praful de copt, sarea, zaharul si aroma ube in vasul unui mixer cu stand timp de aproximativ 5 minute pana cand ingredientele sunt pufoase si incorporate.
c) Cu mixerul la viteza mica, adaugam albusurile pe rand si amestecam cateva secunde pana se incorporeaza complet in aluat.
d) Adăugați ⅓ din făină și continuați să amestecați. Se adauga jumatate din lapte, se amesteca apoi se adauga inca o treime din faina. Se adauga jumatatea ramasa de lapte, se amesteca pana se incorporeaza si la final se adauga treimea ramasa din faina.
e) Amestecați aluatul pentru încă câteva minute până când se omogenizează. Turnați în cupe până când sunt pline la 2/3.
f) Coaceți în cuptor la 350 F timp de 15-18 minute sau până când o scobitoare introdusă în centrul unui cupcake iese curată. Răciți complet prăjiturile pe un grătar înainte de glazură.

PENTRU CREMA DE UNT ELVETIAN DE MERINGUE:
g) Umpleți o oală de gătit cu aproximativ 2-3 inci de apă. Aduceți apa la fiert, reduceți focul și lăsați-o să fiarbă.

h) Puneți un bol de sticlă termorezistent deasupra oală cu apă clocotită. Ar trebui să fie un vas care să se potrivească perfect peste oală. Apa fierbinte nu trebuie să atingă fundul vasului. Dacă se întâmplă, trebuie să reduceți cu atenție cantitatea de apă.
i) Adaugati albusurile si zaharul in bol si incepeti sa bateti continuu cu un tel de sarma. Odată ce amestecul devine spumos și alb și atinge o temperatură de 160 F, stingeți focul. Ar trebui să dureze aproximativ zece minute. Se toarnă amestecul de albușuri în bolul unui mixer cu suport prevăzut cu tel. Începeți să bateți la viteză mare până când amestecul formează vârfuri strălucitoare și ferme. Acest lucru ar trebui să dureze aproximativ 5-8 minute. Vasul trebuie să fie rece la atingere.
j) Adăugați untul înmuiat în mixer și continuați să amestecați. Crema de unt s-ar putea deveni cocoloase sau s-ar putea coagul pentru un moment. Continuați să amestecați până când se formează o glazură groasă și pufoasă. Adăugați aroma ube și continuați să amestecați până când se combină.
k) Păstrați într-un recipient bine închis la temperatura camerei sau utilizați imediat glazură.

8. Tort Ube Tres Leches

INGREDIENTE:
- 3 ouă mari, separate
- 1/8 lingurita crema de tartru
- 1 cană zahăr
- 1 cană făină universală
- 2 lingurite praf de copt
- 1/4 cană lapte integral
- 2 lingurite extract de ube

PENTRU LICHIDUL DE ÎMBIERERE
- 1 cană smântână groasă
- 1 cutie lapte de cocos
- 1 cutie de lapte condensat

PENTRU BEZELE
- 4 albusuri
- 1/8 lingurita crema de tartru
- 2 linguri de zahar
- 1/4 cană nucă de cocos măruntită neîndulcit

INSTRUCȚIUNI:
a) Preîncălziți cuptorul la 350F. Ungeți o tavă de sticlă de 8X8 și lăsați deoparte.
b) Într-un castron separat, amestecați făina și praful de copt. Pus deoparte.
c) În bolul unui mixer cu stand bate albușurile spumă și smântâna de tartru până se formează vârfuri moi. Adăugați încet zahărul și bateți până se întărește.
d) Se bate galbenusurile pe rand pana se omogenizeaza.
e) Dati mixerul la viteza mica si amestecati faina cate putin pana se omogenizeaza.
f) Într-un pahar de măsurare amestecați laptele și extractul de ube. Turnați acest amestec în aluatul de tort și bateți până se omogenizează.
g) Turnați acest aluat în tava unsă cu uns și coaceți timp de 25-30 de minute. Tortul va reveni când îl atingi. Se răcește timp de 10 minute în timp ce faci lichidul de înmuiat.

h) Se amestecă smântâna, laptele de cocos și laptele condensat până se omogenizează bine.
i) Folosind o bețișoară sau frigărui, faceți găuri în tort la aproximativ 1/2"-1" una dintre ele. Se toarnă tot lichidul de înmuiat peste tot prajitura. Va părea prea mult, dar așteptați câteva secunde și totul se va înmuia în burete.
j) Dați la frigider pentru cel puțin o oră sau peste noapte.

FĂ BEZEUL.

k) Bate albusurile spuma, crema de tartru si zaharul pana la varfuri tari. Întindeți partea de sus a prăjiturii și coaceți într-un cuptor la 350F timp de 10 minute sau până când devine auriu.

9.Plăcintă cu cremă Ube și nucă de cocos

INGREDIENTE:
PENTRU CRUSTĂ:
- 7 uncii de firimituri de fursecuri napolitane de ciocolată, măcinate fin
- 4 linguri de unt nesarat, topit

PENTRU UMPLURE:
- 13 1/2 uncie cutie de lapte de cocos plin de grăsime
- 1 1/2 cani de lapte integral, impartit
- 12 uncii ube halaya
- 1/3 cană zahăr granulat
- 1/2 linguriță sare kosher
- 1/8 lingurita de scortisoara macinata
- 5 gălbenușuri de ou
- 1/3 cană amidon de porumb
- 1 lingurita extract de vanilie
- 1 lingurita extract de ube
- frisca, pentru topping

INSTRUCȚIUNI:
a) Preîncălziți cuptorul la 350 de grade F.
b) Se macină fin prăjiturile cu wafter într-un robot de bucătărie. Se stropesc unt topit și se presează până se umezește uniform. Turnați într-o tavă de plăcintă de 9 inci unsă ușor cu unt. Apăsați ferm pe părțile laterale și pe partea inferioară.
c) Se coace 8 minute doar ca sa se fixeze. Lasati sa se raceasca complet.
d) Pentru a face umplutură, combinați laptele de cocos, 1 1/4 cană de lapte integral, ube halaya, zahărul, sare și scorțișoară într-o cratiță grea pusă la foc mediu. Aduceți la fiert, amestecând din când în când până când zahărul se dizolvă.
e) Bateți restul de 1/4 de cană de lapte cu gălbenușurile de ou într-un castron mediu. Bateți amidonul de porumb până când se omogenizează și nu rămân cocoloașe.
f) Stropiți încet cu 1/4 cană sau cam asa ceva de amestec de lapte fierbinte, amestecând energic. Continuați să amestecați laptele fierbinte, câte 1/4 de cană o dată, până când aproximativ 1/3 din

amestecul de lapte a fost încorporat și amestecul de gălbenușuri este cald la atingere.

g) Se toarnă într-o cratiță cu amestecul de lapte rămas și se pune la foc mediu.

h) Aduceți la fiert, amestecând des, astfel încât fundul cremei să nu se ardă și, odată ce începe să clocotească, continuați să gătiți timp de 2 minute.

i) Se ia de pe foc si se amesteca cu vanilie si extractele de ube.

j) Se toarnă crema în crusta răcită, întinzându-se într-un strat uniform. Lăsați să se răcească la temperatura camerei, apoi acoperiți și dați la frigider cel puțin 3 ore sau peste noapte până când se întărește complet.

k) Chiar înainte de servire, acoperiți cu frișcă proaspătă. Decorați cu stropi de sezon, după dorință.

10.Unt de pernă Ube

INGREDIENTE:
- 1 cană unt nesărat, înmuiat
- 1/2 cană zahăr pudră
- 1/4 cană ube halaya

INSTRUCȚIUNI:
a) Într-un castron, bateți untul înmuiat până devine cremos.
b) Adăugați treptat zahărul pudră și bateți până se omogenizează bine și devine pufos.
c) Adăugați ube halaya și continuați să bateți până când se încorporează complet și amestecul este omogen.
d) Transferați untul de pernă ube într-un recipient ermetic și păstrați la frigider până când este gata de utilizare.

11. Ube Panna Cotta

INGREDIENTE:
- 2 lingurite gelatina pudra
- 3 linguri de apa rece
- 1 1/4 cană cremă grea de nucă de cocos
- 1/2 cană zahăr alb
- 2 lingurite extract de ube
- 1/4 linguriță sare
- 2 căni de lapte de cocos
- 1/2 cană fulgi de cocos prăjiți

INSTRUCȚIUNI:

a) În primul rând, așezați toate ceștile/ramele pe blat, astfel încât să fiți gata să turnați amestecul de panna cotta.

b) Apoi, faceți panna cotta! Pune cele 3 linguri de apă rece într-un vas puțin adânc și larg și stropește gelatina peste apă, astfel încât toată pudra să capete puțin lichid/se poate hidrata. Lasă să stea pe blat departe de aragaz timp de 5-10 minute pentru a înflori/hidrata.

c) Separat, începeți să încălziți crema de cocos și zahărul într-o cratiță mică-medie la foc mediu-mic – amestecând constant, astfel încât amestecul să nu fiarbă sau să ardă. Folosind un termometru pentru bomboane atașat la tigaie, încălziți amestecul până când ajunge la 170 ° F, apoi opriți focul, scoateți termometrul și adăugați gelatina înflorită, sarea și extractul de ube până se combină complet.

d) La final, adauga laptele de cocos si amesteca pana se omogenizeaza. Dacă ești îngrijorat de cocoloașe, strecoară lichidul printr-o sită. Apoi turnați amestecul uniform în cele șase recipiente.

e) Puneți șase căni/boluri cu grijă în frigider și lăsați să se răcească timp de cel puțin 8 ore sau doar peste noapte.

f) Odată ce panna cotta s-a întărit, ar trebui să fie încă puțin zguduită, dar ar trebui să rămână în cupe dacă este răsturnată.

g) În cele din urmă, acoperiți fiecare panna cotta cu aproximativ o lingură de fulgi de cocos prăjiți! Pentru a prăji fulgii de nucă de cocos, încălziți-i într-o tigaie cu fundul plat, amestecând constant, până se rumenesc, apoi luați imediat de pe foc și turnați fulgii pe prosoape de hârtie pentru a se răci.

h) Odată ce panna cotta este acoperită cu nucă de cocos, serviți!

i) Se tine la frigider pana la servire.

12. Frozen Ube Halaya

INGREDIENTE:
- 2 căni de igname violet gătit și piure (ube)
- 1 cutie (14 uncii) lapte condensat
- 1 cutie (12 uncii) lapte evaporat
- 1/2 cană zahăr
- 1/4 cană unt

INSTRUCȚIUNI:
a) Într-o tigaie mare antiaderentă, combinați piureul de igname violet, laptele condensat, laptele evaporat și zahărul.
b) Gatiti amestecul la foc mediu, amestecand continuu, pana se ingroasa si se desprinde de pe marginile tigaii.
c) Adăugați untul și continuați să gătiți, amestecând continuu, până când amestecul devine foarte gros și aproape uscat.
d) Transferați amestecul într-un vas dreptunghiular tapetat cu hârtie de copt. Se netezește partea de sus cu o spatulă.
e) Lăsați halaya să se răcească complet, apoi acoperiți cu folie de plastic și congelați timp de cel puțin 4 ore sau până când se întărește.
f) Odată congelat, tăiați felii de servire și bucurați-vă!

13.Înghețată Ube

INGREDIENTE:
- 2 căni de smântână grea pentru frișcă 36 % grăsime sau mai mare
- 3/4 cană lapte condensat îndulcit
- 2 lingurite extract aromatizant ube
- 1 lingură ube pudră
- 1/2 lingurita extract de vanilie

INSTRUCȚIUNI:
a) Turnați 2 căni de smântână rece pentru frișcă groasă într-un castron mare și bateți-o la viteză mare folosind un mixer manual electric. Bateți până se formează vârfuri tari.

b) Acum adăugați 3/4 de cană de lapte condensat îndulcit la frișcă și bateți din nou aproximativ 1-2 minute la viteză mare.

c) Apoi adăugați 2 lingurițe de extract de aromatizare ube, 1 lingură de pudră de ube și 1/2 linguriță de extract de vanilie.

d) Amestecă totul bine și transferă-l într-o tavă de pâine. Acoperiți cu lag six wrap și congelați timp de aproximativ 5 ore înainte de servire.

14.Tartele Ube

INGREDIENTE:
- 36 bucăți mini coji de tartă congelate de 2 inci, dezghețate
- 1 bloc de 8 uncii de brânză cremă la temperatura camerei
- 5 uncii ube gem la temperatura camerei
- ½ cană lapte condensat îndulcit
- 2½ lingurițe extract de ube
- praf sare

INSTRUCȚIUNI:
a) Preîncălziți cuptorul la 375F. Puneți coji de tartă pe o foaie de copt și coaceți timp de 10 minute sau până devin maro deschis.
b) Scoateți cu grijă din formele lor și lăsați deoparte să se răcească. Coborâți temperatura cuptorului la 350F.
c) Într-un castron mare, folosind un mixer electric de mână sau folosind un mixer cu suport prevăzut cu accesoriu cu palete, bateți crema de brânză și dulceața de ube până când se omogenizează și se încorporează.
d) Adăugați extractul de ube, laptele condensat și sare la amestecul de ube și continuați să bateți până se omogenizează bine.
e) Umpleți cojile de tarte cu umplutură de ube.
f) Coaceți timp de 10 minute sau până când umplutura este întărită și crusta este maro aurie.
g) Se scoate din cuptor, se raceste putin si se serveste. De asemenea, puteți opta pentru a răci tartele înainte de a le servi. Bucurați-vă!

15. Pandesal cu umplutură Ube

INGREDIENTE:
PENTRU ALUAT:
- 4 căni de făină universală
- 1/2 cană zahăr
- 2 1/4 linguri de drojdie instant
- 1/2 cană apă
- 1/2 cană lapte evaporat
- 2 ouă mari
- 1/4 cană unt nesărat, înmuiat

PENTRU UMPLUREA UBE:
- 1 cană piure de igname violet (ube)
- 1/2 cană lapte condensat îndulcit

INSTRUCȚIUNI:
a) Într-un castron, combinați făina, zahărul și drojdia instant.
b) Adăugați apă, lapte evaporat și ouă la ingredientele uscate. Se amestecă până se formează un aluat.
c) Adăugați untul înmuiat și frământați până când aluatul devine neted și elastic.
d) Acoperiți aluatul și lăsați-l la crescut la loc cald până își dublează volumul, aproximativ 1-2 ore.
e) Între timp, pregătiți umplutura de ube amestecând piure de igname violet și laptele condensat îndulcit până se combină bine.
f) Tăiați aluatul și împărțiți-l în porții.
g) Aplatizați fiecare porție de aluat și puneți în centru o lingură de umplutură de ube.
h) Închideți umplutura ciupind marginile aluatului, apoi formați bile.
i) Rulați biluțele de aluat umplute în pesmet.
j) Asezam bilele de aluat tapetate pe o tava tapetata cu hartie de copt.
k) Lăsați aluatul modelat să crească din nou până se umflă, aproximativ 30 de minute.
l) Preîncălziți cuptorul la 350°F (175°C).
m) Coaceți în cuptorul preîncălzit timp de 15-20 de minute sau până se rumenesc.
n) Se scoate din cuptor si se lasa putin sa se raceasca inainte de servire.

16. Ube Flan

INGREDIENTE:
- 10 gălbenușuri de ou
- Cutie de 14 uncii lapte condensat
- Cutie de lapte evaporat de 12 uncii
- 1 lingura extract de ube
- 3/4 cană zahăr granulat
- 2 linguri de apa

INSTRUCȚIUNI:
a) Preîncălziți cuptorul la 350F
b) Intr-o oala mica se fierbe zaharul si apa la foc mediu pana se dizolva tot zaharul
c) Apoi reduceți focul și continuați să fierbeți zahărul până când obțineți o culoare aurie de caramel
d) Împărțiți caramelul în cele 6 rame și lăsați-l deoparte să se răcească
e) Într-un castron mare, bateți usor gălbenușurile cu laptele condensat și extractul de ube
f) Apoi turnați laptele evaporat și amestecați usor pentru a se combina
g) Turnați amestecul de ouă și lapte printr-o sită cu plasă fină umpleți fiecare ramekin cu el, abia până la vârf
h) Tapetați fundul unei tăvi de copt cu un prosop și puneți fiecare ramekin deasupra
i) Apoi umpleți tava de copt cu apă clocotită până ajunge la jumătatea părților laterale ale ramekinelor
j) Transferați tava la cuptor și coaceți timp de 45-55 de minute.

17. Panna Cotta cu lapte de orez Ube

INGREDIENTE:
- 1 ube, decojit
- 1 ½ cani de lapte integral, impartit
- 1 cană lapte de orez
- ½ cană zahăr alb
- Pachet de 1/4 uncie gelatină fără aromă

INSTRUCȚIUNI:
a) Puneți o inserție pentru aburi într-o cratiță și umpleți cu apă chiar sub partea inferioară a cuptorului.
b) Aduceți apă la fiert. Adăugați ube, acoperiți și gătiți la abur pană se înmoaie, aproximativ 20 de minute. Se raceste pana se manevreaza usor.
c) Piureați ube într-un blender sau robot de bucătărie sau pasați bine cu mâna.
d) Combinați 1 cană ube piure, 3/4 cană lapte, lapte de orez și zahăr într-un blender sau robot de bucătărie; amestecați până la omogenizare completă.
e) Turnați restul de 3/4 de cană de lapte integral într-o cratiță. Se presara gelatina deasupra. Se lasa sa stea 5 minute.
f) Se încălzește amestecul de lapte și gelatină la foc mediu-mic, amestecând până când gelatina se dizolvă, 3 până la 5 minute. Turnați amestecul ube și creșteți căldura la mediu. Se încălzește până când aburul începe să crească din amestec, amestecând ocazional, 3 până la 5 minute.
g) Turnați amestecul în pahare sau forme individuale de servire. Se transferă la frigider și se da la rece până se fixează, aproximativ 3 ore.

18. Haupia And Ube Pie

INGREDIENTE:
CRUSTĂ:
- 1 ½ cană de făină universală
- ⅓ cană zahăr alb
- ¾ cană unt, tăiat cubulețe

STRAT UBE:
- ½ cană de unt, înmuiat
- ½ cană zahăr alb
- 2 oua
- 3 cesti de ube fierte si piure
- ½ cană lapte
- 1 lingurita extract de vanilie

STRAT HAUPIA:
- 1 ¼ cană apă rece
- ½ cană zahăr alb
- ½ cană amidon de porumb
- Două cutii de 14 uncii lapte de cocos
- 2 căni de nucă de cocos mărunțită

INSTRUCȚIUNI:
a) Preîncălziți cuptorul la 350 de grade F. Ungeți o tavă de copt de 9 x 13 inci.
b) Amestecați făina și 1/3 cană de zahăr alb într-un castron mare. Frecați untul cu degetele până când amestecul devine nisipos. Apăsați în tava unsă cu unt.
c) Coaceți crusta în cuptorul preîncălzit până se rumenește pe margini, aproximativ 10 minute.
d) Bateți 1/2 cană de unt și 1/2 cană de zahăr alb într-un castron cu un mixer electric până devine cremos. Bateți ouăle pe rând. Amestecați piureul, laptele și extractul de vanilie până când aluatul obține consistența aluatul de clătite. Se toarnă peste crustă.
e) Coaceți în cuptorul preîncălzit până când stratul ube este ferm, aproximativ 30 de minute.
f) Amestecați apa, 1/2 cană de zahăr alb și amidonul de porumb într-un castron mic până la omogenizare.
g) Turnați laptele de cocos într-o cratiță de 5 litri.

h) Aduceți la fiert la foc mic, aproximativ 5 minute. Se toarnă amestecul de apă, amestecând constant până când laptele de cocos se îngroașă, 3 până la 5 minute. Se amestecă nuca de cocos mărunțită; gătiți și amestecați până când amestecul se îngroașă, încă aproximativ 5 minute.

i) Se toarnă amestecul de cocos peste stratul ube. Dă la frigider până la fermitate, 4 ore până peste noapte.

19.Ube Cheesecake Cu Crustă De Biscuiți De Cocos

INGREDIENTE:
CRASTĂ DE BURSEȘURI DE COCOS
- 1 ½ cană de firimituri de biscuiți Graham
- ½ cană nucă de cocos mărunțită îndulcită
- 6 linguri de unt nesarat topit si putin racit
- praf sare

UBE Umplutură de cheesecake
- 2 bloc de 8 uncii de brânză cremă la temperatura camerei
- ½ cană de zahăr granulat poate avea nevoie de mai mult
- 5 uncii ube gem la temperatura camerei
- ¾ cană smântână la temperatura camerei
- 1 lingurita extract de vanilie
- 3 lingurite extract de ube
- 3 buc ouă mari la temperatura camerei

SMANTA DE COCOS
- Cutie de 14 uncii de cremă de nucă de cocos răcită
- 2 linguri de zahar granulat
- 1 lingurita extract de vanilie

INSTRUCȚIUNI:
a) Preîncălziți cuptorul la 325F. Tapetați fundul unei tavi arcuite de 9 inci cu hârtie de pergament și lăsați deoparte.
b) Într-un castron mediu, combinați toate ingredientele crustei și amestecați pană când se umidează uniform.
c) Transferați-l în tigaia pregătită și folosiți dosul unei linguri sau al unei căni de măsurare pentru a o strânge strâns pe fund. Pus deoparte.
d) Folosind un mixer electric de mână sau un mixer cu suport dotat cu atașament cu paletă, bateți crema de brânză la viteză medie/mare până devine pufoasă, 2-3 minute.
e) Adăugați ½ cană de zahăr și continuați să bateți încă 2 minute.
f) Adăugați 5 uncii de dulceață și ¾ de cană de smântână. Bateți până se omogenizează și se încorporează. Asigurați-vă că despărțiți bucățile de dulceață ube.
g) Adăugați 1 linguriță de extract de vanilie și 3 lingurițe de extract de ube și amestecați până se combină. Gustați aluatul și decideți dacă

sunteți de acord cu dulceața. Adăugați zahăr câte 1 lingură, dacă este necesar.

h) Adauga ouale cate unul, batand fiecare pana se omogenizeaza. Nu uitați să răzuiți fundul și părțile laterale ale bolului pentru a vă asigura că ajungeți la fiecare centimetru de aluat.

i) Turnați aluatul în tigaie și bateți ușor pe blat. Așezați tava pe grătarul din mijloc al cuptorului. Puneți o tigaie umplută cu apă fierbinte pe raftul de jos.

j) Coaceți timp de 30 de minute la 325 F, apoi reduceți temperatura cuptorului la 300 F și coaceți încă 30 de minute sau până când se fixează.

k) Opriți cuptorul, deschideți ușor ușa cuptorului, dar păstrați cheesecake-ul înăuntru încă o oră pentru a se răci treptat.

l) Scoateți cheesecake-ul din cuptor, treceți un cuțit subțire și ascuțit pe margini pentru a separa prăjitura de tavă. Nu scoateți totuși tortul din tavă. Îl poți pune direct în frigider pentru a se răci 6-8 ore, de preferință peste noapte.

m) Când sunteți gata să serviți, pregătiți frișca de nucă de cocos luând cutia răcită din frigider și scotând părțile solide într-un castron mic.

n) Adăugați 2 linguri de zahăr, 1 linguriță extract de vanilie și bateți până se întărește.

o) Pentru a servi cheesecake-ul, acoperiți cu o praf de frișcă de cocos și stropiți cu nucă de cocos măruntită.

20.Salata Ube Macapuno

INGREDIENTE:
- 1 conserve (12 oz) de lapte condensat îndulcit
- 1 cană smântână universală sau frișcă
- 1 cană de macapuno (siruri de nucă de cocos conservate)
- 1 cană kaong (fructe de palmier de zahăr), scurs
- 1 cană nata de coco (gel de cocos), scursă
- 1 cană mini bezele (opțional)
- Gelatina cu aroma Ube (optional), taiata cubulete

INSTRUCȚIUNI:
a) Într-un castron, combinați laptele condensat îndulcit și smântâna universală sau frișca. Se amestecă până se combină bine.
b) Adăugați macapuno, kaong și nata de coco în amestecul de lapte și smântână. Amesteca bine.
c) Adăugați mini marshmallows și gelatină cu aromă ube cuburi, dacă doriți, și amestecați-le ușor în salată.
d) Răciți salata ube macapuno la frigider pentru cel puțin 1 oră înainte de servire.
e) Serviți rece ca un desert unic și aromat.

21.Tartă cu cremă Ube

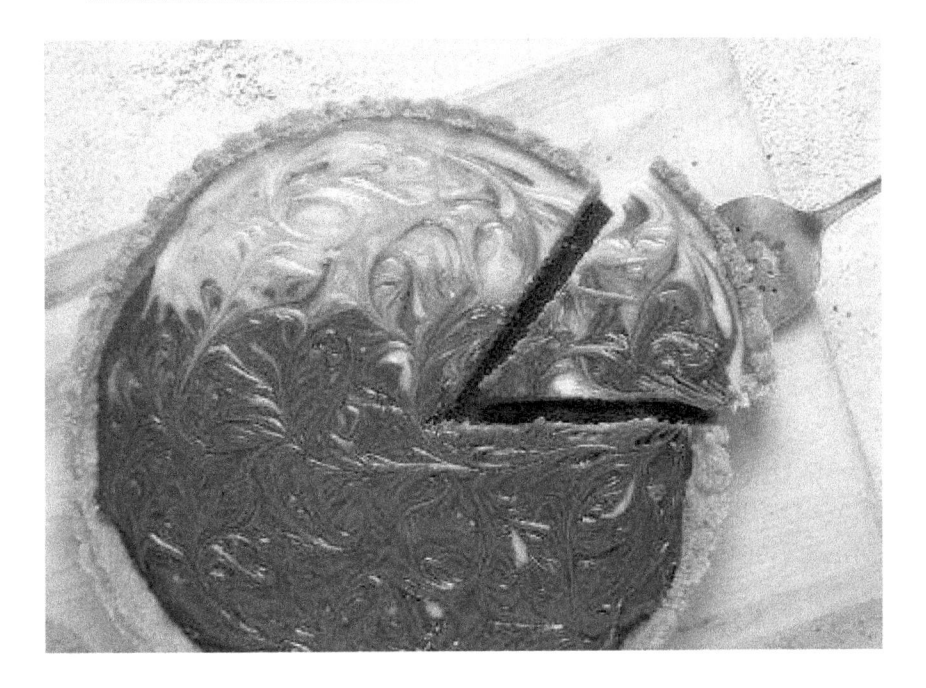

INGREDIENTE:
PENTRU CRASTĂ GRAHAM
- 1 și 2/3 căni de pesmet Graham
- 2 linguri de zahar
- 6 linguri de unt nesarat topit

PENTRU UMPLUREA UBE CARDARD
- 1/8 cană zahăr
- 1/4 cană amidon de porumb
- 1 cană smântână
- 1 și 1/2 cană de lapte condensat
- 3 galbenusuri de ou
- 2 lingurite ube aromatizare

INSTRUCȚIUNI:
FACEȚI CRISTĂ GRAHAM

a) Preîncălziți cuptorul la 350 F. Într-un castron, combinați zahărul și pesmetul graham. Amesteca bine. Se toarnă untul topit și se amestecă amestecul pentru a distribui untul topit. Amestecul va fi oarecum umed.

b) Transferați amestecul în centrul unei tavi de tartă de 11 inci cu fund detașabil. Întindeți amestecul peste tot, astfel încât fundul cratiței să fie acoperit. Folosind baza unui pahar rotund sau a unei cești de măsurare, apăsați amestecul Graham pe tigaie și treceți-vă pe margini și apăsați-l ferm. Amestecul trebuie presat strâns, astfel încât să fie strâns pe suprafața și părțile laterale ale tăvii de tartă. Coaceți crusta la 350 F timp de zece minute sau până când crusta este fixată.

FACEȚI Umplutura

c) Combinați zahărul și amidonul de porumb într-o cratiță medie. Adăugați laptele condensat și smântâna și amestecați totul până când amestecul este omogen. Pune tigaia la foc mediu. Gatiti amestecul amestecand continuu pana devine gros, cu o consistenta aproape tartinabila. Opriți căldura.

d) Într-un castron mic, bateți usor gălbenușurile. Adăugați aproximativ 1 cană de amestec fierbinte la gălbenușuri și amestecați imediat. Întoarceți acest amestec în tigaie. Gatiti din nou amestecul la foc mediu de aceasta data pentru aproximativ 5 minute sau cam asa ceva, in timp ce amestecati constant pana devine gros. Amestecul ar trebui să cadă înapoi în cuburi când îl lași să cadă dintr-o lingură. Opriți focul și lăsați amestecul să se răcească ușor.

e) Împărțiți crema în două părți egale. Într-o porție, amestecați 2 lingurițe de extract de ube până când culoarea este uniformă. Turnați crema simplă pe o parte a crustei de tartă, apoi turnați crema ube pe cealaltă jumătate.

f) Alternativ, puteți adăuga cremele alternativ pe crustă pentru a crea un efect de marmorare. Folosiți două bucăți de scobitori curate pentru a învârti amestecul pentru acel efect învolburat.

g) Lasam tarta sa se raceasca la frigider cel putin doua ore inainte de servire.

22. Malasadas Ube

INGREDIENTE:
- 1 uncie drojdie
- 11/2 kilograme făină universală
- 2 uncii de făină de cartofi
- 31/2 uncie zahăr granulat
- ¾ lingurite sare
- 2 uncii unt nesarat
- 1 cană lapte evaporat
- 6 ouă
- ½ lingurita pasta de vanilie
- 2 linguri de concentrat

INSTRUCȚIUNI:
a) Amestecați drojdia cu zahăr și apă și lăsați să înflorească timp de cinci minute.
b) Folosind un atașament cu palete, adăugați toate ingredientele umede și încorporați în amestecul uscat.
c) Odată ce aluatul este neted și fără cocoloașe, păstrați-l într-un recipient pentru a se odihni peste noapte.
d) Când este gata, dezumflați ușor.
e) Folosind o linguriță de înghețată, aruncați cu atenție linguri de aluat în uleiul de prăjit la 365 de grade F.
f) Rulați în zahăr odată ce malasadas ies din friteuză.

23.Prajitura de orez glutinos Ube Macapuno

INGREDIENTE:
- 2 căni de făină de orez glutinos
- 1 cutie de lapte condensat
- 1 cutie de lapte evaporat
- 400 ml lapte de cocos
- 4 ouă mari
- 340 g macapuno
- 5 linguri de unt topit
- 1 lingura aroma ube
- unt suplimentar, pentru periaj

INSTRUCȚIUNI:
a) Într-un castron mare, combinați ouăle, laptele condensat și untul topit. Se amestecă pentru a se combina.
b) Adăugați laptele evaporat, laptele de cocos și aroma ube. Se amestecă bine până se combină.
c) Adăugați macapuno. Doar amestecați pentru a combina.
d) Apoi, adăugați făina de orez glutinos. Se amestecă până se încorporează bine.
e) Bateți până când nu sunt vizibile cocoloașe.
f) Turnați amestecul într-o tavă de copt de 8 x 8 inchi.
g) Coacem in cuptorul preincalzit la 180C pentru 30-40 minute.
h) Scoateți din cuptor.
i) Ungeți blatul cu unt topit.
j) Coacem din nou la 170C timp de 20 de minute.

24. Ube Custard Mamon

INGREDIENTE:
CASTARDĂ
- 2 lingurite de zahar
- 4 buc ouă mari
- 1 cană lapte condensat
- ¾ cană lapte evaporat
- 1 lingurita extract de vanilie

UBE MAMON
- 4 gălbenușuri de ou
- ¼ cană ulei vegetal
- ¾ cană lapte
- 1 ½ cani de faina de prajitura
- 2 lingurite praf de copt
- ¼ linguriță sare
- ½ cană zahăr alb
- 1 lingura ube aroma
- 4 albusuri
- ½ lingurita crema de tartru
- ¼ cană zahăr alb

INSTRUCȚIUNI:

a) Puneți 2 lingurițe de zahăr într-un model Mamon. Zahăr caramelizat la foc mic. Apoi, pune deoparte.

b) Pentru cremă: într-un castron, combinați ouăle, laptele condensat, laptele evaporat și extractul de vanilie. Se amestecă până se combină bine. Se strecoară amestecul de 3 ori.

c) Umpleți aproximativ 1/4 cană amestec de cremă în fiecare modelator. Pus deoparte.

d) Pentru mamon: Într-un castron, cerne împreună făina de prăjitură, praful de copt și sarea. Amesteca bine. Pus deoparte. Într-un alt castron, combinați gălbenușurile de ou și zahărul. Bateți până la culoare deschisă. Se adauga ulei, lapte si aroma ube. Se amestecă până se combină. Combinați amestecurile umede și uscate. Se amestecă până se combină bine. Nu amestecați în exces!

e) Bate albusurile spuma. Se adauga crema de tartru. Adăugați treptat zahărul. Bateți la viteză mare până se întărește. Îndoiți bezeaua în aluat. Umpleți aproximativ 2/3 cană de aluat în fiecare formă. Atingeți pentru a elimina bulele.

f) Turnați apă clocotită în tigaie. Suficient pentru a ajunge la nivelul cremei. Coacem in cuptorul preincalzit la 160 C la bain-marie pentru aproximativ 40 de minute sau pana cand scobitoarea introdusa in centru devine curata. Se da deoparte la racit. Pune la frigider pentru câteva ore până când crema se întărește. Servit rece.

25.Ube și cafea Brownies

INGREDIENTE:
- 1/3 cană cafea fierbinte proaspăt preparată
- 1 uncie de ciocolată neîndulcită, tocată
- ¼ cana ulei de canola
- ⅔ cană ube piure
- 2 lingurite extract pur de vanilie

INSTRUCȚIUNI:
a) Preîncălziți cuptorul la 350 de grade Fahrenheit.
b) Într-un castron, combinați cafeaua și 1 uncie de ciocolată și lăsați deoparte timp de 1 minut.
c) Într-un castron, combinați uleiul, piureul de ube, extractul de vanilie, zahărul, pudra de cacao și sarea. Se amestecă până când totul este bine omogenizat.
d) Combinați făina și praful de copt într-un castron separat. Adăugați fulgii de ciocolată și amestecați bine.
e) Folosind o spatulă, amestecați ușor ingredientele uscate în cele umede până când toate ingredientele sunt combinate.
f) Turnați aluatul în tava de copt și coaceți timp de 30-35 de minute, sau până când o scobitoare introdusă în centru iese curată.
g) Lăsați să se răcească complet.

26. Ube Crepes

INGREDIENTE:
- 2 căni de făină universală
- 1 cană făină de orez
- ½ cană Ube
- 2 lingurițe sare grunjoasă
- 3 albușuri
- 2 căni de apă
- 2 cani de lapte de cocos neindulcit la conserva
- 1 cap de salată verde cu frunze roșii sau verzi
- Umplutura de legume
- Sos de arahide

INSTRUCȚIUNI:
a) Se amestecă ingredientele uscate într-un castron și se face un godeu în centru.
b) Adaugati albusurile, apa si laptele de cocos, cate putin, incorporandu-le in ingredientele uscate cu un tel.
c) Aluatul trebuie să aibă consistența unei creme grele. Dacă este prea groasă, slăbiți cu apă.
d) Răciți la frigider pentru cel puțin 1 oră.
e) Încingeți o tigaie antiaderentă de 8 inchi la foc mediu-mic. Între timp, scoateți aluatul din frigider și amestecați pentru a îndepărta eventualele cocoloașe sau adăugați apă pentru a dilua dacă este necesar.
f) Adăugați aproximativ 1 ½ uncie de aluat în tigaie. Rotiți tava astfel încât aluatul să acopere întreaga suprafață. Cand lumpia pare uscata, intoarceti-l cu ajutorul unei spatule de cauciuc, avand grija sa nu se rumeneasca.
g) Scoateți din tavă și lăsați deoparte.
h) Puneți ube crepe pe o farfurie cu partea plată în sus. Aranjați 2 frunze de salată verde suprapuse astfel încât să se extindă peste margine pe o parte.
i) Puneți ¼ de cană de umplutură de legume caldă pe salată verde și rulați. Puneți cusătura lumpia cu partea în jos pe farfurie.
j) Stropiți cu sos de arahide. Serviți imediat.

27.Pudră Ube Halaya

INGREDIENTE:
- 2 căni de igname violet gătit și piure (ube)
- 1 cutie (14 uncii) lapte condensat
- 1 cutie (12 uncii) lapte evaporat
- 1/2 cană zahăr
- 1/4 cană unt

INSTRUCȚIUNI:
a) Într-o tigaie mare antiaderentă, combinați piureul de igname violet, laptele condensat, laptele evaporat și zahărul.
b) Gatiti amestecul la foc mediu, amestecand continuu, pana se ingroasa si se desprinde de pe marginile tigaii.
c) Adăugați untul și continuați să gătiți, amestecând continuu, până când amestecul devine foarte gros și aproape uscat.
d) Tapetați o tavă de deshidratare cu hârtie de copt.
e) Transferați amestecul de ube halaya gătit pe tava tapetată, răspândindu-l uniform pentru a crea un strat subțire.
f) Setați deshidratorul la temperatura potrivită pentru fructe sau legume, de obicei în jur de 135 ° F (57 ° C).
g) Deshidratați ube halaya timp de 12-24 de ore sau până când este complet uscat și fragil. Timpul poate varia în funcție de deshidrator și de grosimea stratului.
h) Odată ce ube halaya este complet deshidratat, scoateți-l din deshidrator și lăsați-l să se răcească complet.
i) Rupeți ube halaya deshidratat în bucăți mai mici și transferați-le într-un blender sau robot de bucătărie.
j) Pulsați bucățile până când sunt măcinate într-o pulbere fină. Poate fi necesar să faceți acest lucru în loturi, în funcție de dimensiunea blenderului sau a robotului de bucătărie.

28.Pâine cu lapte Ube

INGREDIENTE:
INCEPATOR:
- ⅓ cană făină universală sau făină de pâine
- ½ cană lapte integral
- ½ cană apă

ALUAT:
- 2 ½ cană făină de pâine
- ¼ cană zahăr granulat
- 2 ¼ linguriță drojdie activă uscată
- 1 lingura lapte praf
- 1 lingurita sare kosher
- 1 ou mare, batut
- ½ cană lapte integral
- ¼ cană unt nesărat, înmuiat

ALUATUL UBE:
- 2 cani de faina de paine
- Pachet de 4 uncii ube pudră
- ⅓ cană zahăr granulat
- 2 ¼ linguriță drojdie activă uscată
- 2 linguri lapte praf
- 1 lingurita sare kosher
- 1 ou mare, batut
- ½ cană + 2 linguri lapte integral
- 1 ½ linguriță extract de ube
- ¼ cană unt nesărat, înmuiat

INSTRUCȚIUNI:
INCEPATOR:
a) Într-o oală medie, amestecați făina, laptele și apa. Se pune la foc mediu. Amestecați des, asigurându-vă că acordați atenție marginilor inferioare ale oalei. Fierbeți aproximativ 5 minute, până când amestecul s-a îngroșat până la consistența piureului de cartofi.
b) Se ia de pe foc si se transfera intr-un bol. Acoperiți cu folie de plastic, lăsați folia să se așeze direct deasupra amestecului de pornire. Se lasa sa se raceasca la temperatura camerei.

ALUAT:
c) În bolul unui mixer cu stand, amestecați împreună făina de pâine, zahărul, drojdia, laptele praf și sarea. Atașați cârligul de aluat la mixer. Adăugați jumătate din amestecul de pornire răcit, oul și laptele. Se framanta la viteza mica timp de 5 minute. Scoateți bolul în jos pentru a asigura o amestecare completă.
d) Adăugați untul înmuiat și continuați să frământați la viteză mică timp de 5 minute până când untul se integrează în aluat. Măriți viteza la medie și frământați încă 5 minute până când aluatul este omogen și se desprinde de pe marginile vasului.
e) Transferați aluatul într-un bol uns ușor. Acoperiți cu folie de plastic și lăsați să se odihnească timp de 1 oră, sau până când aluatul își dublează volumul. Intre timp se face aluat ube.

ALUATUL UBE:
f) În vasul unui mixer cu stand, amestecați împreună făina de pâine, praful de ube, zahărul, drojdia, laptele praf și sarea. Atașați cârligul de aluat la mixer. Adăugați ½ cană de amestec de pornire răcit, ou, lapte și extract de ube. Se framanta la viteza mica timp de 5 minute. Scoateți bolul în jos pentru a asigura o amestecare completă.
g) Adăugați untul înmuiat și continuați să frământați la viteză mică timp de 5 minute până când untul se integrează în aluat. Măriți viteza la medie și frământați încă 5 minute până când aluatul este omogen și se desprinde de pe marginile vasului.
h) Transferați aluatul într-un bol uns ușor. Acoperiți cu folie de plastic și lăsați să se odihnească timp de 1 oră, sau până când aluatul își dublează volumul.

ASAMBLARE:
i) Ungeți două tigăi de pâine de 9x4 sau 9x5 inci sau tavi de pâine Pulman. Dacă doriți, tapetați cu hârtie de pergament pentru a îndepărta ușor pâinea. Pus deoparte.
j) Lucrați mai întâi cu aluatul de culoare cremă. Puneti in jos aluatul crescut. Transferați pe o suprafață de lucru ușor înfăinată. Împărțiți aluatul în 8 părți egale.

k) Rotiți fiecare parte într-o minge. Acoperiți aluatul cu folie de plastic în timp ce lucrați pentru a preveni uscarea sau formarea unei pielițe.
l) In continuare se lucreaza cu aluat ube. Puneti in jos aluatul crescut. Transferați pe o suprafață de lucru ușor înfăinată. Împărțiți aluatul în 8 părți egale.
m) Rotiți fiecare parte într-o minge. Acoperiți aluatul cu folie de plastic în timp ce lucrați pentru a preveni uscarea sau formarea unei pielițe.
n) Luați o minge de aluat de culoare cremă. Aplatizați sau întindeți aluatul la o lungime de aproximativ 8 inchi și 5 inci lățime.
o) Repetați rularea, apoi puneți aluatul peste aluatul de cremă.
p) Începând de la capătul mai scurt, rulați aluatul într-un buștean.
q) Puneți cusătura de bușteni în jos în tava de pâine pregătită. Repetați procesul până când tava de pâine are un total de patru bușteni. Acoperiți tava cu folie de plastic și lăsați să se odihnească 30-45 de minute la temperatura camerei până când aluatul își dublează volumul și. Între timp, preîncălziți cuptorul la 350°F.
r) Repetați acest proces cu bilutele rămase de aluat. Consultați notele pentru instrucțiuni despre cum să faceți aluatul marmorat pentru tava Pulman.*
s) Îndepărtați folie de plastic. Ungeți ușor partea de sus a aluatului cu smântână groasă. Coaceți în cuptorul preîncălzit timp de 35-40 de minute, până când partea superioară a pâinii este maro aurie și temperatura internă a pâinii este de cel puțin 190°F. Asigurați-vă că rotiți pâinea la jumătatea coacerii pentru o cocsificare uniformă.
t) Lasam painea sa se raceasca in tava timp de 5 minute. Desfaceți pâinea din tavă și lăsați-o să se răcească la temperatura camerei pe un grătar. Odată ce se răcește, feliați pâinea folosind un cuțit zimțat.

29.Gogoși Ube Cu Glazură De Cocos

INGREDIENTE:
PENTRU GOGOSA
- 1/4 cană ulei vegetal
- 1/2 cană zară
- 2 ouă mari
- 1/2 cană zahăr
- 1/2 linguriță sare
- 1 lingurita praf de copt
- 2 lingurite extract de ube
- 1 făină universală

PENTRU GLAURA
- 2 căni de zahăr pudră
- 4 linguri lapte de cocos
- 1 lingura de lapte
- 1/4-1/2 lingurite extract de Ube
- 1/2 cană nucă de cocos mărunțită neîndulcit

INSTRUCȚIUNI:
a) Preîncălziți cuptorul la 350 de grade.
b) Pulverizați tava pentru gogoși cu spray antiaderent.
c) Se amestecă uleiul, zara, ouăle, zahărul, sarea, praful de copt și extractul de ube până se combină.
d) Se amestecă făina și se amestecă până se omogenizează. Turnați aluatul în gogoși până la aproximativ 3/4 plin.
e) Coaceți gogoși timp de 15 minute.
f) Scoatem din cuptor, lasam sa se raceasca 5 minute, apoi scoatem gogosarii din tava.
g) cat se racesc se face glazura amestecand impreuna zaharul pudra, laptele si extractul de ube.
h) odată ce s-a răcit, înmuiați fiecare gogoși la jumătate în glazură și puneți-o pe un grătar pentru a se usuca. Stropiți cu fulgi de cocos dacă doriți.

30. Ube Banana Crunch

INGREDIENTE:
- 9 bucăți de banane saba coapte
- 1 cană făină universală
- ½ cană amidon de porumb
- ½ cană zahăr
- 1 lingura aroma ube
- 1 ou
- ½ cană apă de băut
- 2 cani de pesmet
- ulei de gatit

TOPING
- lapte condensat

INSTRUCȚIUNI:
a) Curățați și tăiați banana în patru părți.
b) Puneți patru felii de banană pe fiecare frigărui. Pus deoparte
c) Într-un castron, combinați oul, zahărul, făina, amidonul de porumb, apa și aroma ube.
d) Se amestecă până se încorporează bine.
e) Ungeți banana cu aluat. Lasă aluatul să picure.
f) Dragați cu pesmet.
g) Continuați să acoperiți toate bananele cu aluat.
h) Încinge uleiul într-o tigaie. Se prăjește la foc mediu.
i) Întoarceți banana după cum este necesar sau până când se rumenește.
j) Scurgeți pe un prosop de hârtie pentru a îndepărta excesul de ulei.
k) Stropiți cu lapte condensat.

31.Bake d Ube Cu Nuci Pecan

INGREDIENTE:
- 1 cană apă
- 1 ube
- 1 lingura sirop de artar pur
- 1 lingura unt de migdale
- 1 lingura nuci pecan tocate
- 2 linguri de afine, optional
- 1 lingurita de seminte de chia
- 1 linguriță paste de curry

INSTRUCȚIUNI:
a) În oala instantanee, adăugați o cană de apă și suportul pentru aburi.
b) Sigilați capacul și puneți ube-ul pe rack, asigurându-vă că supapa de eliberare este în poziția corectă.
c) Preîncălziți oala instantanee la presiune ridicată timp de 15 minute pe manual.
d) După ce se stinge temporizatorul, lăsați presiunea să scadă în mod natural timp de 10 minute.
e) Pentru a descărca orice presiune rămasă, rotiți supapa de eliberare.
f) Odată ce supapa plutitoare a căzut, scoateți ube-ul prin deschiderea capacului.
g) Cand ube s-a racit suficient de manevrat, se taie in jumatate si se pasa pulpa cu o furculita.
h) Acoperiți cu nuci pecan, afine și semințe de chia, apoi stropiți cu sirop de arțar și unt de migdale.

TOppinguri și umpluturi

32.Caș de nucă de cocos prăjită (Latik)

INGREDIENTE:
- 2 cesti crema de cocos sau lapte de cocos
- Un praf de sare (optional)

INSTRUCȚIUNI:
a) Într-o cratiță, încălziți crema de cocos la foc mediu.
b) Se amestecă din când în când și se fierbe până când laptele de cocos se desparte în caș și ulei. Acest proces poate dura aproximativ 20-30 de minute.
c) Adăugați un praf de sare dacă doriți și continuați să gătiți până când cașul devine maro auriu.
d) Odată ce cașurile sunt prăjite după bunul plac, scoateți-le de pe foc și lăsați-le să se răcească.
e) Strecurați cașul pentru a le separa de ulei.
f) Utilizați coagul de cocos prăjit (Latik) ca topping pentru diferite deserturi, cum ar fi prăjituri de orez, budinci sau înghețată.

33. Zmeura & Chamoy Pichi-Pichi

INGREDIENTE:
- 2 cani de manioc ras (proaspat sau congelat, dezghetat)
- 1 cană zahăr
- 1 cană apă
- 1 cană lapte de cocos
- Sirop de zmeură
- Sos Chamoy

INSTRUCȚIUNI:
a) Într-un castron, combinați maniocul ras, zahărul, apa și laptele de cocos. Se amestecă bine până se dizolvă zahărul și se încorporează complet ingredientele.
b) Se toarnă amestecul într-o tavă sau o formă unsă cu unt.
c) Se fierbe amestecul la abur timp de aproximativ 30-40 de minute sau până când se fixează și se întărește.
d) Odată fiert, lăsați pichi-pichiul să se răcească înainte de a le tăia în porții de servire.
e) Stropiți pichi-pichi cu sirop de zmeură și sos de camoy înainte de a servi pentru un plus de aromă.

34. Horchata Bibingka

INGREDIENTE:
- 2 căni de făină de orez glutinos
- 1 cană lapte de cocos
- 1 cană horchata (lapte de orez)
- 1 cană zahăr
- 1/4 cană unt topit
- 1 lingurita praf de copt
- 1/2 lingurita extract de vanilie
- Frunze de banană (pentru căptușeală vasul de copt)

INSTRUCȚIUNI:
a) Preîncălziți cuptorul la 350°F (175°C). Se unge o tavă de copt și se tapetează cu frunze de banană.
b) Într-un castron, combinați făina de orez glutinos, laptele de cocos, horchata, zahărul, untul topit, praful de copt și extractul de vanilie. Se amestecă până la omogenizare.
c) Turnați amestecul în vasul de copt pregătit.
d) Coaceți timp de 30-40 de minute sau până când bibingka este întărită și deasupra este aurie.
e) Serviți cald și bucurați-vă de fuziunea unică de arome!

35.Fursecuri și smântână Suman Moron

INGREDIENTE:
- 2 căni de făină de orez glutinos
- 1 cană lapte de cocos
- 1/2 cană pudră de cacao
- 1/2 cană zahăr
- Fursecuri de ciocolată zdrobită (cum ar fi Oreo), pentru umplutură și topping

INSTRUCȚIUNI:
a) Într-un castron, amestecați făina de orez glutinos, laptele de cocos, pudra de cacao și zahărul până se combină bine.
b) Pregătiți frunzele de banane tăindu-le în bucăți dreptunghiulare și periându-le ușor cu ulei pentru a nu se lipi.
c) Pune o lingură din amestec în centrul fiecărei frunze de banană.
d) Adăugați un strat de fursecuri de ciocolată zdrobite deasupra amestecului.
e) Rulați frunza de banană pentru a forma o formă cilindrică, sigilând marginile.
f) Gătiți suman moron la abur timp de aproximativ 30-40 de minute sau până când este fiert.
g) După ce s-au fiert, scoateți suman moron-ul din aburi și lăsați-i să se răcească.
h) Desfaceți suman moron din frunzele de banane și rulați-le în fursecuri de ciocolată zdrobite pentru acoperire.
i) Serviți și bucurați-vă de fursecuri și smântână suman moron!

36.Speculoos Biko

INGREDIENTE:
- 2 căni de orez glutinos
- 1 cutie (14 uncii) lapte condensat
- 1 cană lapte de cocos
- 1/2 cană speculoos tartinat (unt de prăjituri)
- 1/2 cană zahăr brun
- Fursecuri speculoos zdrobite, pentru topping

INSTRUCȚIUNI:
a) Gătiți orezul glutinos conform instrucțiunilor de pe ambalaj.
b) Într-o oală separată, combinați laptele condensat, laptele de cocos, speculoos tartinat și zahărul brun. Gatiti la foc mediu, amestecand continuu pana se omogenizeaza bine si se ingroasa usor.
c) Adăugați orezul glutinos fiert la amestecul de lapte și amestecați până când este complet acoperit.
d) Transferați amestecul într-o tavă de copt unsă și aplatizați suprafața cu o spatulă.
e) Coaceți într-un cuptor preîncălzit la 350°F (175°C) timp de 20-25 de minute sau până când blatul devine maro auriu.
f) Scoatem din cuptor si lasam sa se raceasca putin.
g) Presărați deasupra prăjiturile speculoos zdrobite înainte de servire.
h) Tăiați în pătrate și serviți ca desert sau gustare delicioasă.

37. Tahini Palitaw marmorat

INGREDIENTE:
- 2 căni de făină de orez glutinos
- 1 cană apă
- 1/4 cană semințe de susan
- 1/4 cană tahini
- 1/4 cană zahăr
- Nucă de cocos rasă (pentru acoperire)

INSTRUCȚIUNI:
a) Într-un castron, amestecați făina de orez glutinos și apa până se formează un aluat omogen.
b) Împărțiți aluatul în două părți egale.
c) Într-o porție, amestecați semințele de susan și tahini până se combină bine.
d) Rulați fiecare porție în bile mici și aplatizați-le ușor pentru a forma discuri.
e) Aduceți o oală cu apă la fiert, apoi aruncați discurile de aluat în apa clocotită.
f) Gatiti pana cand discurile plutesc la suprafata, apoi scoateti-le folosind o lingura cu fanta si scurgeti apa in exces.
g) Rulați discurile fierte în zahăr și nucă de cocos rasă pentru acoperire.
h) Serviți tahini palitaw marmorat ca o gustare delicioasă sau desert.

38. Espasol Bites

INGREDIENTE:
- 2 căni de făină de orez glutinos
- 1 cutie (14 uncii) lapte de cocos
- 1 cană zahăr
- Fulgi de nucă de cocos prăjiți (pentru acoperire)

INSTRUCȚIUNI:
a) Într-o tigaie, prăjiți făina de orez glutinos la foc mediu până când devine ușor auriu și parfumat.
b) Într-o oală separată, combinați laptele de cocos și zahărul. Gatiti la foc mediu pana se dizolva zaharul.
c) Adăugați treptat făina de orez glutinos prăjită în amestecul de lapte de cocos, amestecând continuu până se formează un aluat gros.
d) Luați aluatul de pe foc și lăsați-l să se răcească puțin.
e) Rulați aluatul în bile mici de mărimea unei mușcături, apoi rulați-le în fulgi de nucă de cocos prăjiți pentru acoperire.
f) Servește mușcăturile de espasol ca o gustare delicioasă sau desert.

39.Mini prajituri salabundt

INGREDIENTE:
- 2 căni de făină universală
- 1 cană zahăr
- 1/2 cană unt, înmuiat
- 1/2 cană lapte
- 2 oua
- 1 lingurita praf de copt
- 1/2 lingurita de bicarbonat de sodiu
- 1/4 lingurita sare
- 2 linguri de ghimbir ras (sau pudra de ghimbir)
- 1/4 cană miere (opțional, pentru glazură)

INSTRUCȚIUNI:
a) Preîncălziți cuptorul la 350°F (175°C). Ungeți formele pentru mini bundt tort.
b) Într-un castron, cremă împreună untul și zahărul până devine ușor și pufos.
c) Bateți ouăle, pe rând, până se omogenizează bine.
d) Într-un castron separat, cerne împreună făina, praful de copt, bicarbonatul de sodiu și sarea.
e) Adăugați treptat ingredientele uscate la ingredientele umede, alternând cu laptele, și amestecați până se omogenizează.
f) Se amestecă ghimbirul ras până se distribuie uniform în aluat.
g) Turnați aluatul în formele pentru mini bundt cake pregătite, umplând fiecare aproximativ 3/4.
h) Coaceți 20-25 de minute sau până când o scobitoare introdusă în centru iese curată.
i) Lăsați prăjiturile să se răcească în forme câteva minute înainte de a le transfera pe un grătar pentru a se răci complet.
j) Opțional: stropiți cu miere peste prăjiturile răcite pentru un plus de dulceață și aromă.

40. Confetti Pianono

INGREDIENTE:
- 6 oua, separate
- 3/4 cană zahăr
- 1 cană de făină de prăjitură
- 1 lingurita praf de copt
- 1/4 cană stropi de confetti curcubeu
- Zahăr pudră (pentru pudrat)

INSTRUCȚIUNI:
a) Preîncălziți cuptorul la 350°F (175°C). Se unge si se tapeteaza o tava de copt cu hartie de copt.
b) Într-un castron mare, bate albușurile până se formează vârfuri tari. Adăugați treptat zahărul și continuați să bateți până devine lucios.
c) Într-un castron separat, bate gălbenușurile de ou până când sunt palide și cremoase.
d) Cerneți făina de prăjitură și praful de copt peste gălbenușurile bătute de ou și amestecați ușor până se omogenizează.
e) Incorporati cu grija albusurile batute spuma pana nu raman dungi.
f) Îndoiți stropii de confetti curcubeu până când se distribuie uniform în aluat.
g) Se toarnă aluatul pe foaia de copt pregătită și se întinde uniform cu o spatulă.
h) Coaceți timp de 10-12 minute sau până când prăjitura devine ușor aurie și revine când este atins ușor.
i) Scoateți tortul din cuptor și lăsați-l să se răcească puțin.
j) Pudrați blatul tortului cu zahăr pudră, apoi rulați-l cu grijă cu hârtie de copt cât este încă cald.
k) Lăsați tortul să se răcească complet înainte de a tăia și servi.

41.Cupcakes cu guava cu susul în jos cu ananas

INGREDIENTE:
- 1 conserve (20 uncii) felii de ananas, scurse
- 1/2 cană zahăr brun
- 1/4 cana unt nesarat
- cirese maraschino (optional)
- 1 1/2 cani de faina universala
- 1 lingurita praf de copt
- 1/4 lingurita sare
- 1/2 cană unt nesărat, înmuiat
- 3/4 cană zahăr granulat
- 2 ouă mari
- 1 lingurita extract de vanilie
- 1/2 cană suc de guava

INSTRUCȚIUNI:
a) Preîncălziți cuptorul la 350°F (175°C). Ungeți o formă de brioșe sau tapetați cu folii de cupcake.
b) Într-o cratiță, topește 1/4 cană unt la foc mediu. Se adaugă zahăr brun și se amestecă până se dizolvă și clocotește.
c) Împărțiți amestecul de zahăr brun între cupele de brioșe, așezând câte o felie de ananas pe fundul fiecărei cești. Dacă doriți, puneți o cireșă maraschino în centrul fiecărei felii de ananas.
d) Într-un castron, amestecați făina, praful de copt și sarea.
e) Într-un alt castron, bate 1/2 cană unt moale și zahăr granulat până devine ușor și pufos.
f) Se adauga ouale pe rand, batand bine dupa fiecare adaugare. Se amestecă extractul de vanilie.
g) Adăugați treptat ingredientele uscate la ingredientele umede, alternând cu sucul de guava și amestecați până se omogenizează.
h) Împărțiți aluatul uniform între cupele de brioșe, acoperind feliile de ananas.
i) Coacem 18-20 de minute sau pana cand o scobitoare introdusa in centru iese curata.
j) Lăsați cupcakes să se răcească în tava de brioșe timp de câteva minute înainte de a le răsturna pe un platou de servire.
k) Servește cupcakes cu guava cu susul în jos cald sau la temperatura camerei și bucură-te de aromele tropicale delicioase!

42.Prajituri de lava topita Ube Macapuno

INGREDIENTE:
- 1/2 cană unt nesărat
- 4 uncii de ciocolată albă, tocată
- 2 ouă mari
- 2 galbenusuri mari
- 1/4 cană zahăr granulat
- 1/4 lingurita sare
- 1/4 cană făină universală
- 1/2 cană ube halaya (preparată conform rețetei de mai sus)
- 1/2 cană șiruri sau fâșii de macapuno

INSTRUCȚIUNI:
a) Preîncălziți cuptorul la 425°F (220°C). Ungeți patru rame și puneți-le pe o tavă de copt.
b) Într-un castron potrivit pentru cuptorul cu microunde, topește untul și ciocolata albă împreună în explozii scurte, amestecând între fiecare explozie, până când se omogenizează. Se lasa sa se raceasca putin.
c) Într-un castron separat, bate ouăle, gălbenușurile, zahărul și sarea până când sunt palide și groase.
d) Se amestecă amestecul de unt topit și ciocolată albă până se combină bine.
e) Încorporați făina până se omogenizează.
f) Împărțiți jumătate din aluat în mod egal printre ramekinele pregătite.
g) Puneți o lingură de ube halaya și fire de macapuno în centrul fiecărui ramekin, apoi acoperiți cu aluatul rămas.
h) Coaceți timp de 12-14 minute sau până când marginile sunt întărite, dar centrul este încă moale.
i) Scoateți din cuptor și lăsați-le să se răcească un minut.
j) Treceți cu grijă un cuțit în jurul marginii fiecărei prăjituri pentru a-l slăbi, apoi răsturnați-l pe farfurii de servire.
k) Servește imediat prăjiturile de lavă topită ube macapuno și bucură-te de umplutura delicioasă și curgătoare!

43. Mamon umplut cu marshmallow

INGREDIENTE:
- 1/2 cană făină de prăjitură
- 1/2 cană făină universală
- 1 lingurita praf de copt
- 1/4 lingurita sare
- 1/2 cană unt nesărat, înmuiat
- 1/2 cană zahăr granulat
- 4 gălbenușuri mari
- 1/4 cană lapte
- 1 lingurita extract de vanilie
- Marshmallows, tăiate în bucăți mici

INSTRUCȚIUNI:

a) Preîncălziți cuptorul la 350°F (175°C). Unge și făină formele pentru brioșe sau tapetează cu folii de cupcake.

b) Într-un castron, cerne împreună făina de tort, făina universală, praful de copt și sarea.

c) Într-un alt castron, cremă împreună untul și zahărul până devine ușor și pufos.

d) Adauga galbenusurile pe rand, batand bine dupa fiecare adaugare. Se amestecă extractul de vanilie.

e) Adăugați treptat ingredientele uscate în amestecul de unt, alternând cu laptele, și amestecați până la omogenizare.

f) Umpleți fiecare formă de brioșe la jumătate cu aluat.

g) Așezați o bucată de marshmallow în centrul fiecărei cești de brioșe, apoi acoperiți cu mai mult aluat până ce paharele sunt pline aproximativ 3/4.

h) Coaceți 15-18 minute sau până când devine maro auriu și o scobitoare introdusă în centru iese curată.

i) Lăsați mamonul umplut cu marshmallow să se răcească în tava de brioșe timp de câteva minute înainte de a le transfera pe un grătar pentru a se răci complet.

j) Servește mamonul umplut cu marshmallow ca o gustare delicioasă sau desert și bucură-te de centrul surpriză de marshmallow la fiecare mușcătură!

44.Yema Buckeyes

INGREDIENTE:
- 1 cană de unt de arahide cremos
- 1/2 cană zahăr pudră
- 1/4 cană unt nesărat, înmuiat
- 1 lingurita extract de vanilie
- Vârf de cuțit de sare
- 1 cană chipsuri de ciocolată semidulce
- 1 lingură de scurtătură vegetală

INSTRUCȚIUNI:
a) Într-un castron, amestecați untul de arahide, zahărul pudră, untul moale, extractul de vanilie și sarea până se combină bine.
b) Modelați amestecul de unt de arahide în bile mici și puneți-le pe o tavă de copt tapetată cu hârtie de copt.
c) Răciți biluțele de unt de arahide la frigider pentru aproximativ 30 de minute pentru a se întări.
d) Într-un castron sigur pentru cuptorul cu microunde, topește fulgii de ciocolată și scurtarea vegetală în explozii scurte, amestecând între fiecare explozie, până când se omogenizează.
e) Folosind o scobitoare sau o furculiță, înmuiați fiecare minge de unt de arahide răcită în ciocolata topită, lăsând o mică porție descoperită, care să semene cu un buckeye.
f) Puneți bilele scufundate înapoi pe tava de copt tapetată cu pergament.
g) Odată ce toate biluțele sunt scufundate, puneți foaia de copt în frigider pentru a lăsa ciocolata să se întărească.
h) Odată ce ciocolata s-a întărit, scoateți buckeyes-urile din frigider și bucurați-vă ca o răsfăț delicioasă!

DESERTURI DE MANGO

45.Cheesecake cu mango și chili

INGREDIENTE:
- 1 1/2 cani de firimituri de biscuiti graham
- 1/4 cană zahăr granulat
- 1/2 cana unt nesarat, topit
- 16 uncii cremă de brânză, înmuiată
- 1/2 cană zahăr pudră
- 1 lingurita extract de vanilie
- 1 cană smântână groasă
- 1 cană piure de mango
- 1-2 lingurițe de pudră de chili (ajustați după gust)
- Felii de mango și fulgi de chili pentru decor (opțional)

INSTRUCȚIUNI:
a) Preîncălziți cuptorul la 350°F (175°C). Ungeți o tavă cu arc de 9 inci.
b) Într-un castron, amestecați pesmeturile de biscuiți graham, zahărul granulat și untul topit până se combină bine. Apăsați amestecul pe fundul tăvii elastice pregătite.
c) Coaceți crusta timp de 10 minute, apoi scoateți-o din cuptor și lăsați-o să se răcească complet.
d) Într-un castron mare, bateți crema de brânză până devine omogenă și cremoasă.
e) Adăugați zahărul pudră și extractul de vanilie și bateți până se omogenizează bine.
f) Într-un castron separat, bateți smântâna grea până se formează vârfuri tari.
g) Îndoiți ușor frișca în amestecul de brânză până se omogenizează.
h) Împărțiți amestecul în jumătate. Amestecați piureul de mango într-o jumătate și pudra de chili în cealaltă jumătate.
i) Se toarnă amestecul de mango peste crusta răcită, răspândind-o uniform.
j) Turnați cu grijă amestecul de chili peste stratul de mango, răspândindu-l uniform.
k) Dați cheesecake-ul la frigider pentru cel puțin 4 ore sau până când se fixează.
l) Odată setat, se ornează cu felii de mango și fulgi de chili dacă se dorește înainte de servire.

46.Mango proaspăt, miere și nucă de cocos

INGREDIENTE:
- 2 mango coapte, curatate de coaja si taiate fasii
- 4 linguri de miere limpede
- 20 g nucă de cocos deshidratată, prăjită ușor până se rumenește (sau 4 lingurițe de fulgi de nucă de cocos)
- ¼ lingurita de scortisoara macinata

INSTRUCȚIUNI:
a) Pune mango pe o farfurie de servire si stropeste deasupra miere, apoi presara peste nuca de cocos si scortisoara.
b) Se serveste cu inghetata de vanilie sau cu orez lipicios.

47. Desert cu orez lipicios cu mango filipinez

INGREDIENTE:
- Orez glutinos: 1 cană și jumătate
- Cești cu lapte de cocos neîndulcit: 1 ⅓ cană
- Zahăr granulat: ½ cană
- Sare: ¼ lingurita
- Seminte de susan: 1 lingura (prajite usor)
- Mango mare: 1 (cuburi decojite și fără sâmburi)

INSTRUCȚIUNI:
a) În apă rece, înmuiați orezul timp de 30 de minute.
b) Într-o cratiță mare, combinați orezul și 2 căni de apă. Se pune la fiert, acoperit.
c) Reduceți focul și gătiți timp de 15-20 de minute până când apa începe să fiarbă.
d) Într-o altă oală, adăugați 1 cană de lapte de cocos și ¼ de cană de zahăr. Gatiti pana se dizolva zaharul.
e) Adăugați amestecul încet peste orezul fiert și lăsați-l să stea timp de 30 de minute. Pregătiți sosul
f) Gătiți zahărul rămas și laptele de cocos într-o cratiță mică, la foc mic, timp de aproximativ 10-15 minute.
g) Servește orezul lipicios cu mango feliat sau tăiat cubulețe, stropit cu sos de cocos și semințe de susan presarate deasupra.

48.Plăcintă cu înghețată cu mango și chili

INGREDIENTE:
- 1 crustă de plăcintă pre-preparată (sau de casă)
- 2 cani de inghetata de mango
- 2 cani de inghetata chili
- Felii de mango și fulgi de chili pentru decor (opțional)

INSTRUCȚIUNI:
a) Preîncălziți cuptorul la 375°F (190°C).
b) Coaceți crusta de plăcintă conform instrucțiunilor de pe ambalaj sau până când se rumenește. Se lasa sa se raceasca complet.
c) Odată ce crusta de plăcintă s-a răcit, întindeți uniform înghețată de mango pe fund.
d) Întindeți uniform înghețata chili peste stratul de înghețată de mango.
e) Acoperiți plăcinta cu folie de plastic și congelați timp de cel puțin 4 ore sau până când se întărește.
f) Odată congelat, se ornează cu felii de mango și fulgi de chili dacă se dorește înainte de servire.

49. Budinca de tapioca de cocos cu mango

INGREDIENTE:
- Lapte de cocos: 2 conserve
- Granule de tapioca: ¼ cană
- Nucă de cocos neîndulcită: ½ cană (mărunțită)
- Miere: 2 linguri
- Mango proaspăt: 1 (curățat și tocat)
- Zeste de lime: 1

INSTRUCȚIUNI:
a) Într-o cratiță, încălziți laptele de cocos la foc mediu până se fierbe.
b) Adăugați tapioca și nuca de cocos mărunțită, gătiți timp de 15 minute, amestecând des.
c) Combinați mierea și puneți amestecul la frigider pentru a se întări.
d) Puneți bucăți de mango, un strop de miere și coaja de lămâie deasupra budincii de tapioca în boluri. A se distra!

50.Fructe Steaua In Sos Mango-Portocale

INGREDIENTE:
- Fructe stea: 1 copt (proaspăt, tăiat, semințele îndepărtate și feliate)
- Suc de portocale: 1 cană
- Mango: 1 copt, proaspăt
- Zahăr brun: ¼ cană
- Lapte de cocos: 1 cană
- Semințe de rodie/cireșe: o mână, proaspete

INSTRUCȚIUNI:
a) Puneți feliile de fructe stea într-o oală pe arzător.
b) Adăugați sucul de portocale la amestec. Dați focul la mare și amestecați constant până când sucul începe să fiarbă.
c) Reduceți focul la mic și lăsați sucul să fiarbă timp de 10 minute.
d) Într-un blender, faceți piure de mango. Amestecați până când amestecul este omogen și pasat.
e) Când fructul este aproape d1, adăugați zahărul/îndulcitorul și amestecați pentru a se dizolva.
f) Scoateți oala de pe foc.
g) Se amestecă piureul de mango până se încorporează complet. Ajustați zahărul după bunul plac.
h) Puneți felii de fructe de 3 stele pe fel de mâncare cu suficient sos pentru a acoperi complet fructele.
i) Stropiți deasupra niște lapte de cocos.

51.Tort cu inghetata cu mango si chili

INGREDIENTE:
- 1 pandișpan sau prăjitură de lire
- 2 cani de inghetata de mango
- 2 cani de inghetata chili
- Felii de mango și fulgi de chili pentru decor (opțional)

INSTRUCȚIUNI:
a) Tapetați o tavă rotundă de tort de 9 inci cu folie de plastic, lăsând niște surplus pe laterale.
b) Tăiați pandișpanul pe orizontală în două straturi.
c) Așezați un strat de pandișpan pe fundul formei de tort pregătită.
d) Întindeți uniform înghețata de mango peste stratul de pandișpan.
e) Puneți al doilea strat de pandișpan deasupra înghețatei de mango.
f) Întindeți uniform înghețată cu chili peste al doilea strat de pandișpan.
g) Acoperiți tava de prăjitură cu folie de plastic și lăsați-o la congelator pentru cel puțin 4 ore sau până când se întărește.
h) Odată congelată, scoateți tortul din tavă ridicând folie de plastic.
i) Ornați cu felii de mango și fulgi de chili, dacă doriți, înainte de servire.

52.Mango Float

INGREDIENTE:
- 4 mango coapte, decojite si feliate
- 1 conserve (14 oz) de lapte condensat îndulcit
- 1 pachet (200 g) biscuiți graham
- 1 pachet (250 ml) smântână universală sau frișcă

INSTRUCȚIUNI:
a) Într-un castron, combinați laptele condensat îndulcit și smântâna universală sau frișca. Se amestecă până se combină bine.
b) Într-o tavă dreptunghiulară, aranjați un strat de biscuiți Graham în partea de jos.
c) Întindeți un strat din amestecul de lapte și smântână peste biscuiții Graham.
d) Adăugați un strat de mango feliat deasupra amestecului de lapte-smântână.
e) Repetați straturile până când sunt folosite toate ingredientele, încheind cu un strat de amestec de lapte și smântână deasupra.
f) Răciți flotul de mango la frigider peste noapte sau timp de cel puțin 4 ore pentru a se întări.
g) Serviți rece și bucurați-vă de desertul cremos și fructat.

DESERTURI DE BANANE

53.Tort filipinez cu banane la abur

INGREDIENTE:
- Fulgi de nucă de cocos: 1 pachet
- Sare: ¼ lingurita
- Făină de orez: ½ cană
- Făină de tapioca: ¾ cană
- Amidon de săgeată: ½ lingură
- Crema de nuca de cocos neindulcita: 1 cana
- Zahăr alb: ½ cană
- Banane coapte: 1 kilogram (piure)
- Lapte de cocos: ½ cană

INSTRUCȚIUNI:
a) Într-o cană, combinați nuca de cocos și ¼ de linguriță de sare; pus deoparte.
b) Într-un castron mare, cerne împreună făina de orez, amidonul de săgeată și făina de tapioca.
c) Amestecați crema de cocos și amestecați timp de cel puțin 10 minute.
d) Apoi adăugați zahărul și amestecați-l până se dizolvă.
e) Se amestecă bine piureul de banane.
f) Amestecați bine laptele de cocos și ⅛ linguriță de sare.
g) Umpleți o tavă de copt (pătrată) sau cupe de folie de aluminiu cu aluat. Se ornează cu nuca de cocos care a fost pusă deoparte.
h) Aduceți aproximativ 1-½ inci de apă la fierbere într-un cuptor cu abur cu un coș mare; gătiți prăjitura la abur timp de 20 până la 25 de minute peste apă clocotită până când este gătită.

54. Biluțe de banane

INGREDIENTE:
- 1 kg banane coapte, decojite
- 4 linguri de zahar alb
- 140 g făină simplă
- 70 g faina auto-levanta
- ½ linguriță sare de mare fină
- 700 ml ulei vegetal

INSTRUCȚIUNI:
a) Se zdrobesc bananele intr-un bol pana se omogenizeaza si se pasa in piure, apoi se adauga zaharul, ambele faina si sarea impreuna cu 2 linguri de apa. Amesteca bine.
b) Încinge uleiul într-o cratiță adâncă la foc mediu. Pentru a verifica dacă este suficient de fierbinte, puneți o jumătate de linguriță din amestec și dacă vedeți că uleiul clocotește, atunci este gata. Dacă aveți un termometru, acesta ar trebui să fie între 180 și 200°C.
c) Puneți ușor bucăți mici de amestec în uleiul fierbinte. Fiecare ar trebui să se extindă la dimensiunea unei mingi de golf.
d) Prăjiți bilele timp de 3-4 minute, până când culoarea se schimbă într-un maro închis bogat. Se scot cu o lingura cu fanta si se aseaza pe hartie de bucatarie pentru a se scurge excesul de ulei.
e) Serviți cu înghețată de vanilie, dacă doriți.

55. Desert filipinez de banane-litchi în lapte de cocos

INGREDIENTE:
- Banane coapte: 2 mici
- Lapte de cocos: 1 cutie (obisnuita sau usoara)
- Zahăr brun: ¼-⅓ cană
- Praf de sare: 1 praf
- Lichii: opt-zece (proaspete sau conservate)

INSTRUCȚIUNI:
a) Curățați bananele și tăiați-le în felii de 2 inci.
b) Într-o cratiță, încălziți laptele de cocos la foc mediu.
c) Se amestecă zahărul și sarea până se dizolvă complet.
d) Adăugați ¼ de cană de zahăr. Mai puneți puțin dacă vă place mai dulce.
e) Adăugați bananele și litchiul. Amestecați până când bananele și lychees sunt bine încălzite (1 până la 2 minute).
f) Serviți rece sau cald.

56.Banane filipineze în lapte de cocos

INGREDIENTE:
- Banane: 2 (decojite, felii groase)
- Lapte de cocos: 180 ml
- 1½ lingură semințe de susan alb
- zahăr alb: 90 g
- Apă: 120 ml
- Sare: ½ lingurita

INSTRUCȚIUNI:
a) Se amestecă zahărul și apa într-o oală la foc mediu până când zahărul se dizolvă.
b) Gatiti 10 minute dupa adaugarea bananelor taiate felii.
c) Scoateți bananele din oală.
d) Adăugați laptele de cocos, semințele de susan și ½ linguriță de sare în aceeași tigaie.
e) Se aduce la fierbere, apoi se stinge focul.
f) Peste banane se stropesc sosul de lapte de cocos si se presara cu seminte de susan alb. Serviți imediat.

57. Cartofi Dulci și Banane În Lapte De Cocos

INGREDIENTE:
- 200 g de cartofi dulci, curățați și tăiați cubulețe de 2 cm
- 800 ml lapte de cocos
- 100 g zahăr alb
- ½ lingurita sare
- 6 banane, decojite și tăiate în diagonală felii de 2 cm

INSTRUCȚIUNI:
a) Într-o cratiță se fierb cartofii cu 500 ml apă timp de 8 minute, apoi se scurg și se lasă deoparte. Clătiți tava și uscați cu hârtie de bucătărie.
b) Adăugați laptele de cocos, zahărul și sarea în tigaie și aduceți la fierbere la foc mediu. Reduceți focul la mic, adăugați cartofii și feliile de banană și gătiți timp de 2-3 minute.
c) Opriți focul și serviți.

58.Rulouri de primăvară cu banane

INGREDIENTE:
- 2 banane mari:
- Ambalaje pentru rulouri de primăvară
- 1 cană zahăr brun
- Ulei pentru prăjire adâncă

INSTRUCȚIUNI:
a) Preîncălziți uleiul într-o friteuză.
b) Bananele trebuie curățate și tăiate în jumătate pe lungime.
c) Așezați 1 felie de banană în diagonală în jurul colțului unui înveliș de rulou și presară zahăr brun după gust.
d) Continuați să rulați de la colț la mijloc, pliând colțurile de sus și de jos în timp ce mergeți. Periați ultima margine cu degetul înmuiat în apă pentru a o etanșa. Rep cu restul feliilor de banane.
e) Prăjiți câteva rulouri de banane pe rând până se rumenesc uniform în uleiul încins. Serviți cald sau rece.

DESERTURI DE OREZ

59.Prajitura aburita cu orez si nuca de cocos

INGREDIENTE:
- 8 bucati de frunza de banana (sau folie de aluminiu), 10 × 30cm
- ½ linguriță sare de mare fină
- 200 g faina de orez
- 100 g nucă de cocos deshidratată
- 50 g zahăr melasă

INSTRUCȚIUNI:

a) Curățați frunzele de banane, dacă sunt folosite, apoi înmuiați-le punându-le la foc mic sau la abur dintr-un ibric timp de câteva secunde.

b) Pune sarea într-un castron mare cu 150 ml apă căldută și amestecă bine. Adaugam faina de orez putin cate putin, pentru a forma un aluat. Presă aluatul prin găurile unei site cu găuri medii pentru a crea o textură asemănătoare pesmetului. Adăugați nuca de cocos deshidratată la amestec și amestecați bine.

c) Puneți un cuptor cu aburi sau puneți un suport într-un wok sau o tigaie adâncă cu capac. Se toarnă 5 cm de apă și se aduce la fierbere la foc mare.

d) Pentru a face o formă de frunze de banană, rulați o frunză (sau folia de aluminiu) într-o formă de cilindru de aproximativ 4 cm în diametru. Legați o bucată de sfoară în jurul formei pentru a o fixa. Umpleți forma pe jumătate cu amestecul de nucă de cocos, apoi faceți o gaură în mijloc și adăugați 1 linguriță de zahăr. Acum umpleți cealaltă jumătate de formă, apăsând amestecul ușor, nu prea tare, altfel va fi prea compact. Amestecul va absorbi umezeala din abur.

e) Repetați cu restul frunzelor de banană și amestecul rămas. Așezați rulourile în cuptorul cu abur și gătiți la abur timp de 10 minute.

f) Scoateți formele de frunze de banană și serviți imediat.

60. Budincă De Orez Cu Sirop De Zahăr De Cocos Negru

INGREDIENTE:
- 100 g orez budincă cu bob scurt
- 50 g zahăr de cocos negru
- 100 g zahăr melasă
- 1 frunză de pandan, legată într-un nod (opțional)
- 600 ml lapte de cocos
- ½ linguriță sare de mare fină

INSTRUCȚIUNI:
a) Puneti orezul intr-o cratita mare si acoperiti cu apa. Se aduce la fierbere, se reduce focul și se fierbe timp de aproximativ 20 de minute, sau până când toată apa a fost absorbită.
b) Turnați laptele de cocos în cratiță și fierbeți încă 15 minute, până când tot laptele a fost absorbit. Luați focul.
c) Puneți zahărul de cocos închis și melasă și nodul pandan într-o cratiță mică și adăugați 150 ml de apă. Se aduce la fierbere la foc mediu, apoi se reduce focul și se fierbe 5 minute, pentru a reduce cantitatea la jumătate.
d) Pentru a servi, scoateți budinca de orez în boluri mici și turnați peste siropul de zahăr.

61.Ceşti filipinezi cu orez pentru desert

INGREDIENTE:
- Lapte de cocos: 1 ⅔ cani
- Apă: 1 ⅓ căni
- Orez cu bob scurt: 1 cană și jumătate
- Zahăr: 3 linguri
- Sare: 2 linguri
- Mango filipineză: 2 (coapte)
- Nectarine albe: 3

INSTRUCȚIUNI:
a) Scoateți stratul gros de lapte de cocos din tavă, lăsând jumătate din el.
b) Se fierbe laptele de cocos lichid cu apă.
c) Se amestecă orezul cu bob scurt, sarea și zahărul.
d) Gatiti, acoperit, timp de 25 de minute la foc mic, sau pana cand orezul este fraged.
e) Acum adăugați crema de cocos la orez.
f) Scoateți st1-urile din 5 jumătăți de nectarine, spălați-le și înjumătățiți-le. ½ rămasă trebuie tăiată în felii subțiri.
g) Tăiați 8 felii subțiri de la unul dintre mango. Curățați și tăiați mangourile rămase.
h) Împărțiți orezul lipicios în 4 pahare mari, acoperiți cu fructe tăiate și serviți cu felii de fructe în lateral.

# 62.Clătită dulce cu orez și nucă de cocos

INGREDIENTE:
- 150 g faina de orez
- 50 g faina simpla
- 1 lingurita drojdie uscata
- 6 linguri zahar alb
- 200 ml lapte de cocos
- 2 linguri ulei vegetal sau unt, pentru uns

INSTRUCȚIUNI:

a) Puneti orezul si faina simpla, drojdia, zaharul si laptele de cocos intr-un bol si adaugati 200 ml de apa. Bateți până când aluatul se omogenizează bine, apoi strecurați-l într-un alt bol, acoperiți cu folie alimentară și lăsați-l deoparte 1 oră.

b) Puneți o tigaie de 20–25 cm foarte fierbinte și ungeți-o cu puțin ulei sau unt. Scoateți 1 plin de aluat și turnați-l într-o singură mișcare în tigaia fierbinte. De îndată ce aluatul lovește tigaia, înclinați tigaia astfel încât să se întindă și să creeze un strat subțire în jurul marginii.

c) Ar trebui să dureze doar 1 minut până când aluatul subțire din jurul marginii începe să devină crocant și auriu. Îndoiți-l, apoi scoateți-l din tigaie. Repetați cu aluatul rămas. Cel mai bine se servește cald.

63. Cremă Pandan și orez lipicios, dulce stratificat

INGREDIENTE:
- 300 g orez lipicios, înmuiat în apă timp de 4 ore
- 650 ml lapte de cocos
- 1 linguriță sare de mare fină
- 4 ouă medii
- 200 g zahăr alb
- ½ linguriță extract de pandan (vezi mai sus sau 2 lingurițe extract de vanilie)
- 3 linguri faina de porumb
- 3 linguri făină simplă

INSTRUCȚIUNI:

a) Puneți un cuptor cu aburi sau puneți un suport într-un wok sau o tigaie adâncă cu capac. Se toarnă 5 cm de apă și se aduce la fierbere la foc mediu.

b) Puneți orezul lipicios într-o formă rotundă de 23 cm, cu o înălțime de aproximativ 6 cm sau mai mare, puneți-l în cuptorul cu abur și gătiți la abur timp de 30 de minute. Se lasă deoparte 5 minute, apoi se adaugă 200 ml de lapte de cocos și sarea și se presează orezul aburit pentru a se nivela. Se fierbe din nou la abur pentru încă 10 minute.

c) Pentru stratul de cremă, bateți ouăle și zahărul într-un castron până când zahărul s-a dizolvat. Adăugați extractul de pandan (sau extractul de vanilie, dacă nu găsiți pandan) și laptele de cocos rămas și amestecați bine. Cerneți făina și amestecați până se omogenizează bine.

d) Se toarnă amestecul deasupra orezului lipicios la abur, se netezește blatul și se fierbe la abur la foc mediu timp de 1 oră, lăsând capacul cuptorului cu abur ușor deschis pentru a preveni scăderea apei din abur pe stratul de cremă.

e) Odată fiert, se răcește complet, apoi se feliază și se servește.

SALATE DE FRUCTE

64. Salata Buko

INGREDIENTE:
- 2 căni de nucă de cocos tânără (buko), mărunțită
- 1 cutie (20 oz) cocktail de fructe, scurs
- 1 cană nata de coco (gel de cocos), scursă
- 1 cană kaong (fructe de palmier de zahăr), scurs
- 1 cană lapte condensat îndulcit
- 1 cană smântână universală sau frișcă
- 1 cană mini bezele (opțional)

INSTRUCȚIUNI:
a) Într-un castron mare, combinați nuca de cocos tânără mărunțită, cocktailul de fructe, nata de coco și kaong.
b) Adăugați lapte condensat îndulcit și smântână universală sau frișcă. Se amestecă bine până când toate ingredientele sunt acoperite.
c) Adăugați mini marshmallows, dacă doriți, și pliați-le ușor în salată.
d) Răciți salata buko la frigider pentru cel puțin 1 oră înainte de servire.
e) Serviți rece ca desert răcoritor și cremos.

65.Salată de fructe în stil filipinez

INGREDIENTE:
- 1½ cani de smantana grea
- Pachet de 8 uncii cremă de brânză
- Trei cutii de 14 uncii de cocktail de fructe, scurse
- Cutii de 14 uncii de bucăți de ananas, scurse
- 14 uncie cutie de litchi, scurs
- 1 cană nucă de cocos
- Pachet de 8 uncii de migdale tocate
- 1½ cani de mere taiate cuburi

INSTRUCȚIUNI:

a) Amestecați smântâna groasă și cremă de brânză până la o consistență netedă, asemănătoare unui sos. Se combină cu alte ingrediente și se amestecă bine, se răcește peste noapte.

b) Lichiurile pot fi sărite, utilizați cocktail de fructe tropicale în loc de cocktailul obișnuit de fructe și faceți din patru cutii.

c) Filipinezii folosesc ceva numit Nestles Cream, dar nu este ușor de găsit.

66.Salată de fructe tropicale

INGREDIENTE:
- 1 mango semicopt, taiat cubulete
- 200 g ananas proaspăt tăiat cubulețe
- 10 litchi
- 4 kiwi, tăiate în sferturi
- Seminte de la 1 rodie
- 10 frunze de mentă
- ½ lingurita de scortisoara macinata
- 1 anason stelat
- 500 ml suc de litchi

INSTRUCȚIUNI:
a) Pune toate ingredientele într-un castron mare și amestecă-le bine pentru a se amesteca bine în pudra de scorțișoară.
b) Dati la frigider 20 de minute inainte de servire.

PÂINE

67. Ensaymada

INGREDIENTE:
- 4 căni de făină universală
- 1/2 cană zahăr
- 2 1/4 linguri de drojdie instant
- 1/2 cană apă
- 4 ouă mari
- 1/2 cană lapte evaporat
- 1/2 cană unt nesărat, înmuiat
- Branza rasa pentru topping
- Zahăr pentru pudrat

INSTRUCȚIUNI:
a) Într-un castron, combinați făina, zahărul și drojdia instant.
b) Adăugați apă, ouă și lapte evaporat la ingredientele uscate. Se amestecă până se formează un aluat.
c) Adăugați untul înmuiat și frământați până când aluatul devine neted și elastic.
d) Acoperiți aluatul și lăsați-l la crescut la loc cald până își dublează volumul, aproximativ 1-2 ore.
e) Tăiați aluatul și împărțiți-l în porții.
f) Modelați fiecare porție în spirală sau rotundă și puneți-le pe o tavă de copt tapetată cu hârtie de copt.
g) Lăsați aluatul modelat să crească din nou până se umflă, aproximativ 30 de minute.
h) Preîncălziți cuptorul la 350°F (175°C).
i) Ungeți partea de sus a fiecărei ensaymada cu unt topit și presărați brânză rasă deasupra.
j) Coaceți în cuptorul preîncălzit timp de 15-20 de minute sau până se rumenesc.
k) Scoatem din cuptor si lasam sa se raceasca putin. Pudrați cu zahăr înainte de servire.

68.Pan de Coco

INGREDIENTE:
PENTRU ALUAT:
- 4 căni de făină universală
- 1/2 cană zahăr
- 2 1/4 linguri de drojdie instant
- 1/2 cană apă
- 1/2 cană lapte de cocos
- 2 ouă mari
- 1/4 cană unt nesărat, înmuiat

PENTRU Umplutura:
- 1 cană fulgi de cocos îndulciți
- 1/2 cană zahăr brun

INSTRUCȚIUNI:
a) Într-un castron, combinați făina, zahărul și drojdia instant.
b) Adăugați apă, lapte de cocos și ouă la ingredientele uscate. Se amestecă pănă se formează un aluat.
c) Adăugați untul înmuiat și frământați până când aluatul devine neted și elastic.
d) Acoperiți aluatul și lăsați-l la crescut la loc cald până își dublează volumul, aproximativ 1-2 ore.
e) Între timp, pregătiți umplutura amestecând fulgii de cocos îndulciți și zahărul brun.
f) Tăiați aluatul și împărțiți-l în porții.
g) Aplatizați fiecare porție de aluat și puneți o lingură din umplutură în centru.
h) Închideți umplutura ciupind marginile aluatului, apoi formați bile.
i) Pune bilele de aluat umplute pe o tava tapetata cu hartie de copt.
j) Lăsați aluatul modelat să crească din nou până se umflă, aproximativ 30 de minute.
k) Preîncălziți cuptorul la 350°F (175°C).
l) Coaceți în cuptorul preîncălzit timp de 15-20 de minute sau până se rumenesc.
m) Scoatem din cuptor si lasam sa se raceasca inainte de servire.

69.Pâine spaniolă

INGREDIENTE:
PENTRU ALUAT:
- 4 căni de făină universală
- 1/2 cană zahăr
- 2 1/4 linguri de drojdie instant
- 1/2 cană apă
- 1/2 cană lapte evaporat
- 2 ouă mari
- 1/4 cană unt nesărat, înmuiat

PENTRU Umplutura:
- 1/2 cană pesmet
- 1/2 cană zahăr
- 1/4 cană unt nesărat, înmuiat

INSTRUCȚIUNI:
a) Într-un castron, combinați făina, zahărul și drojdia instant.
b) Adăugați apă, lapte evaporat și ouă la ingredientele uscate. Se amestecă până se formează un aluat.
c) Adăugați untul înmuiat și frământați până când aluatul devine neted și elastic.
d) Acoperiți aluatul și lăsați-l la crescut la loc cald până își dublează volumul, aproximativ 1-2 ore.
e) Între timp, pregătiți umplutura amestecând pesmetul, zahărul și untul înmuiat până se combină bine.
f) Tăiați aluatul și împărțiți-l în porții.
g) Aplatizați fiecare porție de aluat și întindeți deasupra câte o lingură de umplutură.
h) Rulați aluatul într-un buștean, cuprinzând umplutura în interior.
i) Tăiați fiecare buștean în bucăți mai mici și puneți-le pe o tavă de copt tapetată cu hârtie de copt.
j) Lăsați aluatul modelat să crească din nou până se umflă, aproximativ 30 de minute.
k) Preîncălziți cuptorul la 350°F (175°C).
l) Coaceți în cuptorul preîncălzit timp de 15-20 de minute sau până se rumenesc.
m) Se scoate din cuptor si se lasa putin sa se raceasca inainte de servire.

70. Turon (Banana Lumpia)

INGREDIENTE:
- 6 banane saba coapte, curatate de coaja si feliate pe lungime
- Ambalaje Lumpia (învelișuri pentru rulouri de primăvară)
- zahar brun
- Fâșii de jac (opțional)
- Ulei de gatit pentru prajit

INSTRUCȚIUNI:
a) Așezați un înveliș lumpia pe o suprafață plană.
b) Puneți o felie de banană pe înveliș, stropiți cu zahăr brun și adăugați fâșii de fructe de jac dacă folosiți.
c) Rulați strâns ambalajul lumpia, pliându-se pe părțile laterale pe măsură ce mergeți, pentru a închide umplutura.
d) Sigilați marginea cu puțină apă pentru a preveni deschiderea în timpul prăjirii.
e) Încinge uleiul de gătit într-o tigaie la foc mediu.
f) Prăjiți turonul până devine maro auriu și crocant.
g) Scurgeți pe prosoape de hârtie pentru a îndepărta excesul de ulei.
h) Serviți cald și bucurați-vă de combinația delicioasă de banane dulci și ambalaj crocant.

71.Bicho-Bicho (gogoși răsucite)

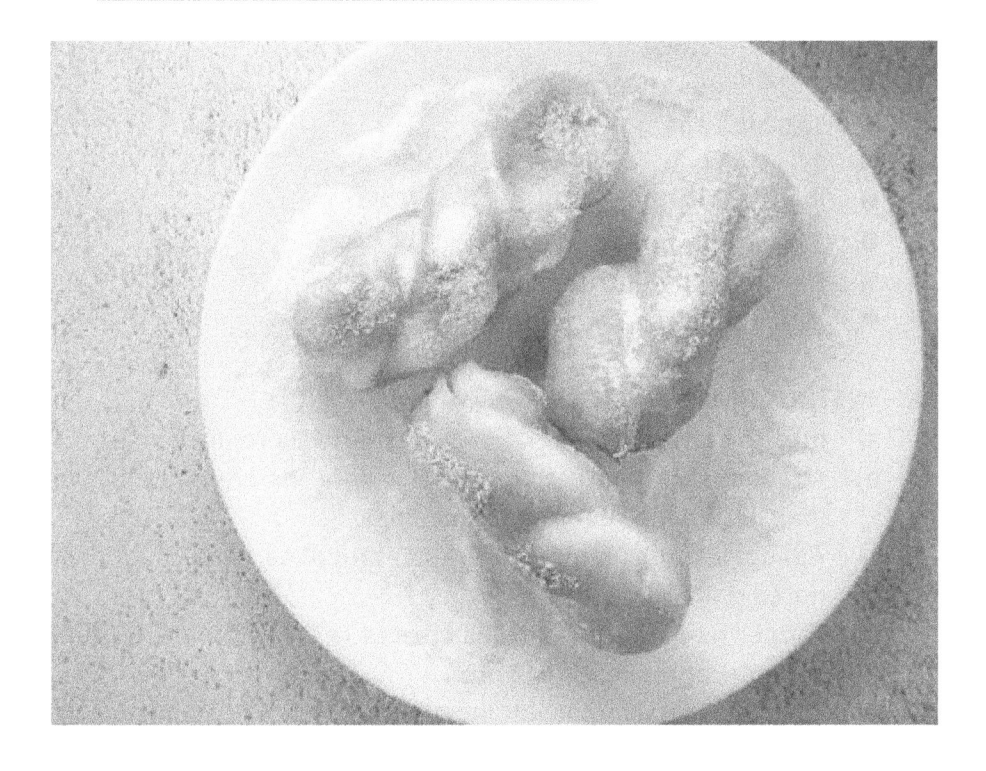

INGREDIENTE:
- 4 căni de făină universală
- 1/2 cană zahăr
- 2 1/4 linguri de drojdie instant
- 1/2 cană apă
- 1/2 cană lapte evaporat
- 2 ouă mari
- 1/4 cană unt nesărat, înmuiat
- Ulei de gatit pentru prajit
- Zahăr pudră pentru pudrat

INSTRUCȚIUNI:
a) Într-un castron, combinați făina, zahărul și drojdia instant.
b) Adăugați apă, lapte evaporat și ouă la ingredientele uscate. Se amestecă până se formează un aluat.
c) Adăugați untul înmuiat și frământați până când aluatul devine neted și elastic.
d) Acoperiți aluatul și lăsați-l la crescut la loc cald până își dublează volumul, aproximativ 1-2 ore.
e) Tăiați aluatul și împărțiți-l în porții.
f) Rulați fiecare porțiune de aluat într-o frânghie de aproximativ 6 inci lungime.
g) Răsuciți fiecare frânghie într-o formă de spirală și prindeți capetele pentru a sigila.
h) Încălziți uleiul de gătit într-o tigaie adâncă sau într-o friteuză la 350 ° F (175 ° C).
i) Prăjiți bicho-bicho în loturi până când devine maro auriu și este fiert, aproximativ 3-4 minute per lot.
j) Scurgeți pe prosoape de hârtie pentru a îndepărta excesul de ulei.
k) Pudrați cu zahăr pudră înainte de servire.
l) Bucurați-vă de aceste gogoși răsucite ca o gustare delicioasă sau un desert.

72. Hopia

INGREDIENTE:
- 2 căni de făină universală
- 1/2 cană zahăr
- 1/4 cană ulei vegetal
- 1/4 cană apă
- 1/2 lingurita sare
- Opțiuni de umplutură: pastă de fasole mung dulce, pastă de fasole roșie sau nucă de cocos mărunțită îndulcită

INSTRUCȚIUNI:
a) Într-un castron, combinați făina, zahărul și sarea.
b) Adăugați ulei vegetal și apă la ingredientele uscate. Se amestecă până se formează un aluat.
c) Framantam aluatul pe o suprafata usor infainata pana se omogenizeaza si elastic.
d) Împărțiți aluatul în porții și rulați fiecare porție într-o bilă.
e) Aplatizați fiecare minge de aluat într-un cerc de aproximativ 4 inci în diametru.
f) Așezați o lingură din umplutura aleasă de dvs. în centrul fiecărui cerc de aluat.
g) Îndoiți marginile aluatului peste umplutură și ciupizați pentru a sigila.
h) Pune bilele de aluat umplute pe o tava tapetata cu hartie de copt.
i) Ungeți blaturile cu spălare de ouă (opțional).
j) Coaceți într-un cuptor preîncălzit la 350°F (175°C) timp de 20-25 de minute sau până când se rumenesc.
k) Lasati sa se raceasca inainte de servire.

73. Pâine cu banane filipineză Bibingka

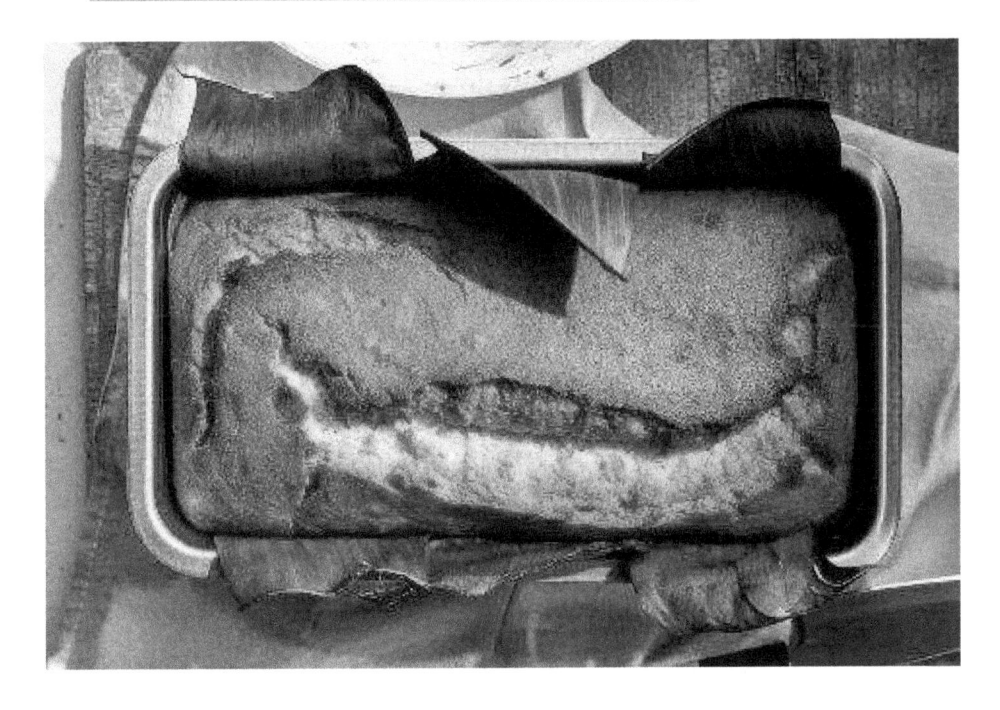

INGREDIENTE:
- Spray de gatit
- 1 bucată (14 x 12 inci) de frunză de banană
- 1 ¼ cană de făină de orez dulce
- 1 ¼ cană de făină de orez glutinos
- 2 ½ lingurițe de praf de copt
- 1 lingurita sare kosher
- 1 cană zahăr granulat
- 1 cană piure de banane foarte coapte
- ¾ cană lapte de cocos bine agitat și amestecat neîndulcit
- ½ cană de unt nesărat (4 uncii), topit
- 1 lingurita extract de vanilie
- 2 oua mari, la temperatura camerei

INSTRUCȚIUNI:
a) Preîncălziți cuptorul la 350°F. Ungeți o tavă de 9 x 5 inci cu spray de gătit și lăsați-o deoparte.
b) Cu ajutorul foarfecelor, tăiați o bandă de 12 x 4 inci din frunza de banană, paralel cu nervura centrală a frunzei. Tăiați porțiunea rămasă din frunza de banană în 3 fâșii (12 x 3 inci), tăind paralel cu nervurile frunzei.
c) Așezați fâșiile de frunze de banane de 3 inci lățime în cruce peste fundul și părțile laterale ale tăvii, suprapunându-se după cum este necesar pentru a căptuși complet fundul. Asigurați-vă că capetele frunzelor se extind peste laturi cu 1 până la 2 inci. Puneți fâșia rămasă de frunze de banană pe lungime de-a lungul fundului tavii și parțial în sus pe părțile mai scurte. Pune tigaia deoparte.
d) Într-un castron mediu, amestecați făina de orez dulce, făina de orez glutinos, praful de copt și sarea.
e) Într-un castron mare, amestecați zahărul granulat, piureul de banane, laptele de cocos, untul topit, extractul de vanilie și ouăle până se combină bine. Adăugați amestecul de făină la amestecul de zahăr și amestecați până se omogenizează complet.
f) Turnați aluatul în tava pregătită, răspândindu-l uniform.
g) Coaceți în cuptorul preîncălzit până când pâinea cu banane devine maro aurie și partea superioară se ridică înapoi când este apăsată

ușor. Acest lucru va dura aproximativ 1 oră și 10 minute până la 1 oră și 20 de minute. În ultimele 20 de minute de coacere, acoperiți pâinea cu folie de aluminiu pentru a preveni rumenirea excesivă.

h) Lăsați pâinea cu banane să se răcească complet în tigaie pe un grătar. Acest lucru va dura aproximativ 2 ore și 30 de minute până la 3 ore.

i) Scoateți cu grijă pâinea din tigaie folosind frunzele de banane drept mânere.

j) Tăiați pâinea cu banane și serviți-o pe frunze de banane pentru o notă autentică.

BUCĂTURI CONGELATE

74.Înghețată Pandan

INGREDIENTE:
- 1 litru de smântână dublă extra groasă
- 500 ml lapte gras
- ¼ linguriță sare de mare fină
- 12 gălbenușuri de ou
- 300 g zahăr tos alb
- 1 lingură extract gros de pandan
- Pentru topping (opțional)
- 150 g ciocolată simplă (minim 50% cacao)
- 100 ml lapte gras
- 60g arahide prăjite gata sărate sau nesărate, zdrobite

INSTRUCȚIUNI:
a) Puneti smantana, laptele si sarea intr-o cratita adanca si fierbeti la foc mic pana la punctul de fierbere.
b) Bateți gălbenușurile și zahărul tos într-un bol până se îngroașă. Turnați ușor jumătate din amestecul de smântână și lapte peste ouă și zahăr, amestecând continuu, apoi adăugați smântâna și laptele rămase.
c) Transferați întregul amestec înapoi în cratiță și adăugați extractul de pandan. Aduceți la punctul de fierbere, amestecând continuu pentru a nu se coagul. Acest lucru ar trebui să dureze 3-4 minute.
d) Folosind o sită metalică fină, strecoară amestecul într-un vas sau un bol rezistent la congelator sau într-o tavă de pâine. Se lasa sa se raceasca 15 minute, apoi se transfera la congelator. După 45 de minute, scoateți-l din congelator și amestecați și continuați să faceți acest lucru la fiecare 45 de minute timp de 2-3 ore.
e) Pentru a face sosul de ciocolată, spargeți ciocolata în bucăți mici și puneți-le într-un bol termorezistent. Se adauga laptele si se pune peste o cratita cu apa clocotita pana cand ciocolata se topeste si se combina cu laptele. Se lasa sa se raceasca complet.
f) Pentru a servi, scoateți înghețata în boluri, turnați peste sosul de ciocolată și presărați deasupra alunele zdrobite.

75. Înghețată filipineză de mango

INGREDIENTE:
- Mango: 2 (proaspete, coapte)
- Zahăr alb: 1 cană
- Lapte de cocos: 3 linguri
- Suc de lamaie: 1 lingurita
- Frisca pentru frisca: 1 cana

INSTRUCȚIUNI:
a) Curățați și feliați mango.
b) Într-un robot de bucătărie, puneți fructele - Blitz timp de 1 minut cu zahărul.
c) Amestecați laptele de cocos și sucul de lămâie timp de câteva secunde pentru a se amesteca.
d) Turnați piureul de mango într-un bol.
e) Umpleți robotul de bucătărie sau blenderul pe jumătate cu frișcă. Amplasați crema până când se formează vârfuri tari sau este foarte tare.
f) Amplasați piureul de mango cu frișcă timp de 5 până la 10 secunde sau până când se obține o consistență puternică de cremă de mango.
g) Umpleți o cadă de înghețată cu amestecul și congelați timp de cel puțin 6-8 ore.
h) Puneți în c1-uri de înghețată sau serviți în boluri.

76.Inghetata Cu Sos Chili Caramel

INGREDIENTE:
- Inghetata de vanilie: 6 linguri
- Frunze proaspete de mentă/busuioc: garnitură
- Arahide sau caju: zdrobite sau tocate

SOS CARAMEL:
- Sos dulce filipinez chili: 4 linguri
- Sirop de arțar: 4 linguri
- Sare: un praf
- Suc de lămâie: ½ lingură

INSTRUCȚIUNI:
a) Într-o cratiță, combinați toate ingredientele pentru sos.
b) Pune cratita la foc mediu si amesteca constant timp de 1 minut.
c) În fiecare bol de servire, puneți 2 până la 3 linguri de înghețată de vanilie.
d) Acum puneți deasupra cu lingura sosul cald, împărțindu-l uniform.
e) Serviți imediat și bucurați-vă.

77.Desert cu gheață ras

INGREDIENTE:
- Seminte de busuioc uscate: 1 lingura
- Gheață ras: 1 cană
- Crutoane/bucăți de pâine: 10 grame
- 3 linguri lapte condensat

INSTRUCȚIUNI:
a) Înmuiați semințele de busuioc uscate timp de 30 de minute în ½ cană de apă caldă.
b) Într-un castron, aranjați crutoanele, semințele de busuioc înmuiate și gheața pentru a face desertul.
c) Turnați cantitatea dorită de sirop peste gheață și stropiți cu lapte condensat.

78. Popsicles Halo-Halo

INGREDIENTE:
- 1 cană lapte de cocos
- 1 cană lapte evaporat
- 1/2 cană lapte condensat îndulcit
- Ingrediente asortate de halo-halo (fasole dulci gătită, kaong, nata de coco, gulaman, fructe îndulcite etc.)
- Forme pentru palete
- Bețișoare de popsicle

INSTRUCȚIUNI:
a) Într-un castron, amestecați laptele de cocos, laptele evaporat și laptele condensat îndulcit până se omogenizează bine.
b) Împărțiți ingredientele asortate de halo-halo între formele pentru popsicle.
c) Turnați amestecul de lapte peste ingredientele halo-halo, umplând fiecare formă aproape până la vârf.
d) Introduceți bețișoare de popsicle în forme.
e) Congelați cel puțin 4 ore sau până când este complet înghețat.
f) Odată înghețați, scoateți popsicles-urile din forme și bucurați-vă de această răsucire răcoritoare a desertului clasic filipinez.

79.Sorbet de mango și nucă de cocos

INGREDIENTE:
- 2 mango coapte, decojite si taiate cubulete
- 1 cutie (13,5 oz) lapte de cocos
- 1/4 cană zahăr (ajustați după gust)
- 1 lingura suc de lamaie
- Vârf de cuțit de sare

INSTRUCȚIUNI:
a) Pune mango taiat cubulete intr-un blender sau robot de bucatarie.
b) Adăugați lapte de cocos, zahăr, suc de lămâie și sare în blender.
c) Se amestecă până se omogenizează și se combină bine.
d) Gustați și ajustați dulceața, dacă este necesar, adăugând mai mult zahăr.
e) Turnați amestecul într-un vas puțin adânc sau într-un aparat de înghețată.
f) Dacă folosiți un vas, acoperiți cu folie de plastic și congelați timp de cel puțin 4 ore, amestecând ocazional pentru a sparge cristalele de gheață.
g) Dacă utilizați un aparat de înghețată, amestecați conform instrucțiunilor producătorului.
h) Odată înghețat, scoateți sorbetul în boluri sau conuri și bucurați-vă de acest desert tropical și răcoritor.

80. Granita de ananas si nuca de cocos

INGREDIENTE:
- 2 căni bucăți de ananas
- 1 cutie (13,5 oz) lapte de cocos
- 1/4 cană zahăr (ajustați după gust)
- 1 lingura suc de lamaie
- Vârf de cuțit de sare

INSTRUCȚIUNI:
a) Pune bucăți de ananas într-un blender sau robot de bucătărie.
b) Adăugați lapte de cocos, zahăr, suc de lămâie și sare în blender.
c) Se amestecă până se omogenizează și se combină bine.
d) Gustați și ajustați dulceața, dacă este necesar, adăugând mai mult zahăr.
e) Turnați amestecul într-un vas puțin adânc.
f) Pune vasul la congelator și lasă la congelator aproximativ 1 oră.
g) După 1 oră, folosiți o furculiță pentru a răzui marginile înghețate în centru.
h) Continuați să răzuiți la fiecare 30 de minute până când amestecul este complet înghețat și are o textură asemănătoare granitei.
i) Odată congelată, scoateți granita în boluri sau pahare și serviți imediat ca desert ușor și răcoritor.

81.Bucăți de gheață cu mango și nucă de cocos

INGREDIENTE:
- 2 mango coapte, decojite si taiate cubulete
- 1 cutie (13,5 oz) lapte de cocos
- 1/4 cană miere sau zahăr (ajustați după gust)
- 1 lingura suc de lamaie

INSTRUCȚIUNI:
a) Pune mango taiat cubulete intr-un blender sau robot de bucatarie.
b) Adăugați lapte de cocos, miere sau zahăr și suc de lămâie în blender.
c) Se amestecă până se omogenizează și se combină bine.
d) Gustați și ajustați dulceața dacă este necesar.
e) Turnați amestecul în forme pentru popsicle.
f) Introduceți bețișoare de popsicle în forme.
g) Congelați cel puțin 4 ore sau până când este complet înghețat.
h) Odată înghețat, scoateți popsicles-urile din forme și bucurați-vă de acest tratament înghețat tropical.

82.Inghetata de avocado

INGREDIENTE:
- 2 avocado coapte, decojite și fără sâmburi
- 1 cutie (13,5 oz) lapte de cocos
- 1/4 cană miere sau zahăr (ajustați după gust)
- 1 lingura suc de lamaie

INSTRUCȚIUNI:
a) Puneți pulpa de avocado într-un blender sau robot de bucătărie.
b) Adăugați lapte de cocos, miere sau zahăr și suc de lămâie în blender.
c) Se amestecă până se omogenizează și se combină bine.
d) Gustați și ajustați dulceața dacă este necesar.
e) Turnați amestecul într-un vas puțin adânc sau într-un aparat de înghețată.
f) Dacă folosiți un vas, acoperiți cu folie de plastic și congelați timp de cel puțin 4 ore, amestecând ocazional pentru a sparge cristalele de gheață.
g) Dacă utilizați un aparat de înghețată, amestecați conform instrucțiunilor producătorului.
h) Odată congelată, scoateți înghețata de avocado în boluri sau conuri și bucurați-vă de acest desert cremos și răcoritor.

DESERTURI TOFU

83.Taho

INGREDIENTE:
- 1 pachet (14 oz) tofu de mătase
- 1/4 cană zahăr brun
- 1/4 cană perle de tapioca (gătite conform instrucțiunilor de pe ambalaj)
- Sirop (opțional): 1/2 cană zahăr brun, 1/2 cană apă, 1 linguriță extract de vanilie

INSTRUCȚIUNI:
a) Tăiați tofu de mătase în cuburi mici și împărțiți-le în boluri de servire.
b) Într-o cratiță mică, combinați zahărul brun și apa pentru sirop. Se încălzește la foc mediu până se dizolvă zahărul. Se ia de pe foc și se amestecă cu extract de vanilie.
c) Turnați siropul peste cuburile de tofu.
d) Adăugați perle de tapioca fierte în fiecare bol.
e) Serviți cald ca desert reconfortant și hrănitor.

84. Tofu Leche Flan

INGREDIENTE:
- 1 pachet (14 oz) tofu de mătase
- 1 conserve (14 oz) de lapte condensat
- 1 cutie (12 oz) lapte evaporat
- 6 gălbenușuri de ou
- 1/2 cană zahăr

INSTRUCȚIUNI:
a) Preîncălziți cuptorul la 350°F (175°C).
b) Amestecați tofuul de mătase până la omogenizare.
c) Într-un castron, amestecați laptele condensat, laptele evaporat, gălbenușurile de ou și zahărul până se omogenizează bine.
d) Adăugați tofu amestecat la amestecul de lapte și bateți până la omogenizare.
e) Turnați amestecul în llanera (formă pentru flan) sau într-o tavă de copt.
f) Puneți llanera sau vasul de copt într-o tavă mai mare. Umpleți tava mai mare cu apă fierbinte la jumătatea părții laterale a llanerei sau a vasului de copt pentru a crea o baie de apă.
g) Coaceți aproximativ 45-50 de minute sau până când flanul de leche este întărit.
h) Se lasa sa se raceasca, apoi se da la frigider pentru cel putin 2 ore sau peste noapte.
i) Pentru a servi, răsturnați llanera pe o farfurie, lăsând sosul de caramel să curgă peste flan.

85.Tofu Halo-Halo

INGREDIENTE:
- 1 pachet (14 oz) tofu de mătase
- Ingrediente asortate de halo-halo (fasole dulci gătită, kaong, nata de coco, gulaman, fructe îndulcite etc.)
- Gheață ras
- Lapte evaporat
- sirop de zahar (optional)

INSTRUCȚIUNI:
a) Tăiați tofu de mătase în cuburi mici și împărțiți-le în boluri de servire.
b) Aranjați ingredientele asortate de halo-halo deasupra cuburilor de tofu.
c) Acoperiți cu gheață ras.
d) Stropiți laptele evaporat și sirop de zahăr (dacă este folosit) peste gheața ras.
e) Serviți imediat și bucurați-vă de acest desert răcoritor și colorat.

86. Tofu Maja Blanca

INGREDIENTE:
- 1 pachet (14 oz) tofu de mătase
- 1 cutie (13,5 oz) lapte de cocos
- 1/2 cană amidon de porumb
- 1/2 cană zahăr
- 1/2 cană apă
- 1/2 cană boabe de porumb (opțional)
- Nucă de cocos rasă (pentru topping)

INSTRUCȚIUNI:
a) Amestecați tofuul de mătase până la omogenizare.
b) Într-o cratiță, combinați laptele de cocos, amidonul de porumb, zahărul și apa. Se amestecă până se combină bine.
c) Gatiti la foc mediu, amestecand continuu, pana cand amestecul se ingroasa.
d) Adăugați tofu amestecat la amestec și amestecați până la omogenizare.
e) Adăugați boabe de porumb (dacă folosiți) și continuați să gătiți încă 2-3 minute.
f) Turnați amestecul într-un vas uns cu unt și lăsați-l să se răcească și să se întărească.
g) Odată setat, tăiați în pătrate și acoperiți cu nucă de cocos rasă înainte de servire.

87.Tofu Mango Sago

INGREDIENTE:
- 1 pachet (14 oz) tofu de mătase
- 1 mango copt, decojit și tăiat cubulețe
- 1/2 cană perle mici de tapioca (sago), gătite conform instrucțiunilor de pe ambalaj
- 1 cutie (14 oz) lapte de cocos
- 1/4 cană zahăr (ajustați după gust)
- Gheață zdrobită (opțional)

INSTRUCȚIUNI:
a) Amestecați tofuul de mătase până la omogenizare.
b) Într-o cratiță, încălziți laptele de cocos la foc mediu. Adăugați zahăr și amestecați până se dizolvă.
c) Adăugați tofu amestecat în amestecul de lapte de cocos și amestecați până se omogenizează bine.
d) Se ia de pe foc si se lasa sa se raceasca.
e) În boluri de servire, puneți o lingură de perle de tapioca fierte.
f) Adăugați mango tăiat cubulețe deasupra perlelor de tapioca.
g) Turnați amestecul de tofu-lapte de cocos peste perlele de mango și tapioca.
h) Se servește rece cu gheață pisată, dacă se dorește.

88.Budinca de Tapioca Tofu Ube

INGREDIENTE:
- 1 pachet (14 oz) tofu de mătase
- 1/2 cană perle de tapioca fierte (sago)
- 1/2 cană piure de igname violet (ube)
- 1 cutie (14 oz) lapte de cocos
- 1/4 cană zahăr (ajustați după gust)
- Extract de Ube (optional, pentru culoare si aroma)
- Nucă de cocos mărunțită (pentru topping)

INSTRUCȚIUNI:
a) Amestecați tofuul de mătase până la omogenizare.
b) Într-o cratiță, încălziți laptele de cocos la foc mediu. Adăugați zahăr și amestecați până se dizolvă.
c) Adăugați piure de igname violet și perle de tapioca fierte la amestecul de lapte de cocos. Se amestecă până se combină bine.
d) Adăugați câteva picături de extract de ube pentru un plus de culoare și aromă, dacă doriți.
e) Se toarnă tofu amestecat în amestecul de lapte de cocos și se amestecă până la omogenizare.
f) Se ia de pe foc si se lasa sa se raceasca putin.
g) Împărțiți budinca în boluri de servire și presărați deasupra nucă de cocos mărunțită.
h) Serviți cald sau rece, după dorință.

89.Tofu Buko Pandan Salata

INGREDIENTE:
- 1 pachet (14 oz) tofu de mătase
- 1 cutie (14 oz) lapte de cocos
- 1/2 cană zahăr (ajustați după gust)
- 1 cană nucă de cocos tânără (buko), mărunțită
- 1 cană gelatină cu aromă de pandan, tăiată cubulețe
- 1 cană perle de tapioca (sago fierte)
- 1/2 cană kaong (fructe de palmier de zahăr), scurs
- Nata de coco (optional)
- Lapte condensat îndulcit (pentru stropire)

INSTRUCȚIUNI:
a) Amestecați tofuul de mătase până la omogenizare.
b) Într-un castron mare, amestecați tofu amestecat, laptele de cocos și zahărul până se combină bine.
c) Adăugați nucă de cocos tânără mărunțită, cuburi de gelatină cu aromă de pandan, perle de tapioca fierte, kaong și nata de coco (dacă este folosit) la amestecul de tofu-lapte de cocos. Se amestecă ușor pentru a se combina.
d) Răciți salata la frigider pentru cel puțin 1 oră înainte de servire.
e) Se stropește lapte condensat îndulcit peste salata răcită înainte de servire, dacă se dorește.
f) Serviți salata de tofu buko pandan ca desert răcoritor și cremos.

TARTINĂ ȘI DULCE

90.Matamis Na Bao

INGREDIENTE:
- 2 căni de nucă de cocos tânără (buko), mărunțită
- 1 cană apă
- 1 cană zahăr brun

INSTRUCȚIUNI:
a) Într-o cratiță, combinați apa și zahărul brun.
b) Se încălzește amestecul la foc mediu, amestecând până când zahărul este complet dizolvat.
c) Adăugați nuca de cocos tânără mărunțită la amestecul de sirop.
d) Gătiți amestecul de nucă de cocos la foc mic, amestecând din când în când, până când lichidul s-a evaporat și firele de nucă de cocos sunt acoperite complet cu sirop.
e) Se ia de pe foc si se lasa sa se raceasca.
f) Odată răcit, transferați Matamis na Bao într-un borcan sau recipient curat pentru depozitare.
g) Serviți ca o gustare dulce sau ca desert singur sau folosiți-l ca topping pentru diferite deserturi filipineze, cum ar fi halo-halo sau gheață ras.

91.Dulceata de banane caramelizate si Jackfruit

INGREDIENTE:
- 4 banane coapte, feliate
- 1 cană de fructe de jac coapte, tocate
- 1 cană zahăr brun
- 1/4 cană apă
- 1/2 lingurita extract de vanilie (optional)

INSTRUCȚIUNI:
a) Într-o cratiță, combina zahărul brun și apa.
b) Se încălzește amestecul la foc mediu, amestecând până când zahărul este complet dizolvat.
c) Adăugați bananele feliate și fructele de iac tocate la amestecul de sirop.
d) Gătiți amestecul la foc mic, amestecând din când în când, până când fructele sunt moi și caramelizate, iar lichidul s-a îngroșat într-o consistență asemănătoare gemului.
e) Dacă doriți, adăugați extract de vanilie pentru o aromă suplimentară și amestecați bine.
f) Se ia de pe foc si se lasa sa se raceasca.
g) După ce s-a răcit, transferați dulceața de banane și fructe de jac caramelizate într-un borcan sau recipient curat pentru depozitare.
h) Savurează-l ca un tartinat pe pâine prăjită, clătite sau vafe, sau folosește-l ca umplutură pentru produse de patiserie și deserturi.

92. Compot de piersici și mango

INGREDIENTE:
- 2 piersici coapte, curatate de coaja si taiate cubulete
- 2 mango coapte, decojite si taiate cubulete
- 1/4 cană zahăr (ajustați după gust)
- 1/4 cană apă
- 1 lingura suc de lamaie
- 1/2 lingurita extract de vanilie

INSTRUCȚIUNI:
a) Într-o cratiță, combinați piersici tăiate cubulețe, mango tăiat cubulețe, zahăr, apă, suc de lămâie și extract de vanilie.
b) Se încălzește amestecul la foc mediu, amestecând din când în când, până când fructele sunt moi și lichidul s-a îngroșat într-o consistență asemănătoare compotului.
c) Gustați și ajustați dulceața, dacă este necesar, adăugând mai mult zahăr.
d) Se ia de pe foc si se lasa sa se raceasca.
e) Odată răcit, transferați compotul de piersici și mango într-un borcan sau recipient curat pentru depozitare.
f) Servește-l ca topping pentru iaurt, înghețată, clătite sau vafe sau folosește-l ca umplutură pentru prăjituri și produse de patiserie.

93.Dulceață de mango și ananas

INGREDIENTE:
- 2 cani de mango coapte, decojite si taiate cubulete
- 1 cană bucăți de ananas
- 1 cană zahăr granulat
- 2 linguri suc de lamaie
- 1 lingurita extract de vanilie

INSTRUCȚIUNI:
a) Într-o cratiță, combinați mango tăiat cubulețe, bucăți de ananas, zahăr, sucul de lămâie și extractul de vanilie.
b) Se încălzește amestecul la foc mediu, amestecând din când în când, până când fructele sunt moi și lichidul s-a îngroșat într-o consistență asemănătoare gemului.
c) Gustați și ajustați dulceața, dacă este necesar, adăugând mai mult zahăr.
d) Se ia de pe foc si se lasa sa se raceasca.
e) Odată răcit, transferați dulceața de ananas de mango într-un borcan sau un recipient curat pentru depozitare.
f) Savurați-l ca un tartinat pe pâine prăjită, biscuiți sau sandvișuri sau folosiți-l ca umplutură pentru produse de patiserie și deserturi.

94.Jeleu de guava

INGREDIENTE:
- 4 căni de pulpă de guava (din aproximativ 12 guave coapte)
- 4 căni de zahăr granulat
- 1/4 cană suc de lămâie
- 1 pachet (3 oz) pectină lichidă de fructe

INSTRUCȚIUNI:
a) Într-o oală mare, combinați pulpa de guava, zahărul și sucul de lămâie.
b) Aduceți amestecul la fierbere la foc mediu-mare, amestecând constant.
c) După ce a dat în clocot, reduceți focul la mediu-mic și lăsați să fiarbă aproximativ 20 de minute, amestecând din când în când, până când amestecul se îngroașă.
d) Adăugați pectina lichidă de fructe și continuați să gătiți încă 5 minute.
e) Luați de pe foc și îndepărtați orice spumă de pe suprafață.
f) Turnați jeleul de guava fierbinte în borcane sterilizate, lăsând aproximativ 1/4 inch spațiu în partea de sus.
g) Închideți bine borcanele cu capace și procesați-le într-o baie de apă clocotită timp de 10 minute.
h) Scoateți borcanele din baia de apă și lăsați-le să se răcească la temperatura camerei.
i) Odată răcit, verificați sigiliile și depozitați Jeleul de Guava într-un loc răcoros și întunecat.

95.Marmeladă de Calamansi

INGREDIENTE:
- 2 cani de suc de calamansi (strecurat)
- 2 căni de zahăr granulat
- Zest de 2 calamansi (optional)

INSTRUCȚIUNI:
a) Într-o cratiță, combinați sucul de calamansi, zahărul și coaja de calamansi (dacă folosiți).
b) Aduceți amestecul la fierbere la foc mediu-mare, amestecând constant până când zahărul este complet dizolvat.
c) Reduceți focul la mediu-mic și lăsați amestecul să fiarbă aproximativ 30-40 de minute, amestecând din când în când, până se îngroașă și ajunge la consistența dorită.
d) Se ia de pe foc si se lasa sa se raceasca.
e) Odată răcit, transferați Marmelada de Calamansi în borcane sau recipiente sterilizate pentru depozitare.
f) Savurează-l ca un tartinat pe pâine, brioșe sau biscuiți sau folosește-l ca topping pentru iaurt sau înghețată.

96.Chutney de mango

INGREDIENTE:
- 2 mango coapte, decojite si taiate cubulete
- 1 ceapa, tocata marunt
- 1/2 cană stafide
- 1/2 cană oțet de mere
- 1/2 cană zahăr brun
- 1 lingurita ghimbir macinat
- 1/2 lingurita scortisoara macinata
- 1/4 linguriță cuișoare măcinate
- Sare si piper dupa gust

INSTRUCȚIUNI:
a) Într-o cratiță, combinați mango tăiat cubulețe, ceapa tocată, stafide, oțet de mere, zahăr brun, ghimbir măcinat, scorțișoară măcinată, cuișoare măcinate, sare și piper.
b) Aduceți amestecul la fiert la foc mediu-mare, apoi reduceți focul la mic și lăsați-l să fiarbă aproximativ 30-40 de minute, amestecând din când în când, până când chutney-ul se îngroașă și aromele se îmbină.
c) Gustați și ajustați condimentele dacă este necesar.
d) Se ia de pe foc si se lasa sa se raceasca.
e) Odată răcit, transferați Mango Chutney în borcane sau recipiente sterilizate pentru depozitare.
f) Savurați-l ca condiment cu carne la grătar, sandvișuri sau platouri cu brânză.

97.Dulceata de cocos de ananas

INGREDIENTE:
- 2 căni de ananas tăiat cubulețe
- 1 cană nucă de cocos mărunțită (proaspătă sau deshidratată)
- 1 cană zahăr granulat
- 1/4 cană apă
- 1 lingura suc de lamaie
- 1/2 lingurita extract de vanilie

INSTRUCȚIUNI:
a) Într-o cratiță, combinați ananasul tăiat cubulețe, nuca de cocos mărunțită, zahărul, apa, sucul de lămâie și extractul de vanilie.
b) Se încălzește amestecul la foc mediu, amestecând din când în când, până când fructele sunt moi și lichidul s-a îngroșat într-o consistență asemănătoare gemului.
c) Gustați și ajustați dulceața, dacă este necesar, adăugând mai mult zahăr.
d) Se ia de pe foc si se lasa sa se raceasca.
e) Odată răcit, transferați dulceața de ananas și cocos într-un borcan sau recipient curat pentru depozitare.
f) Savurează-l ca un tartinat pe pâine prăjită, brioșe sau clătite sau folosește-l ca topping pentru iaurt sau fulgi de ovăz.

98. Chili Mango Chutney

INGREDIENTE:
- 2 mango coapte, decojite, fără sâmburi și tăiate cubulețe
- ½ cană zahăr
- ¼ cană oțet
- 2-3 ardei iute roșii, tocați mărunt (se pot ajusta la preferința de condimente)
- ½ lingurita de ghimbir, ras
- ½ linguriță cuișoare măcinate
- Sarat la gust

INSTRUCȚIUNI:

a) Într-o cratiță, combinați mango, zahăr, oțet, ardei iute roșu, ghimbir, cuișoare măcinate și un praf de sare.

b) Gatiti la foc mic, amestecand din cand in cand, pana cand amestecul se ingroasa si mango se inmoaie.

c) Lăsați chutney-ul să se răcească și apoi păstrați-l într-un borcan. Acest chutney picant de mango este perfect pentru a adăuga un plus dulce și picant meselor tale.

99.Chutney proaspăt de ananas

INGREDIENTE:
- 1 Lg. (6-7 lb) ananas proaspăt
- 1 lingura Sare
- ½ Lg. cățel de usturoi, piure
- 1¾ cană stafide fără semințe
- 1¼ cană zahăr brun deschis
- 1 cană oțet de cidru
- 2 batoane de scorțișoară de 2 inci
- ¼ linguriță cuișoare măcinate

INSTRUCȚIUNI:
Curățați, segmentați și tocați mărunt ananasul. stropiți cu sare și lăsați să se odihnească 1 oră și jumătate. Scurgeți.
Pune usturoiul și stafidele printr-un tocător de alimente folosind lama moderată . Se adaugă la ananas.
Se amestecă zahărul, oțetul și condimentele într-o cratiță și se aduce la punctul de fierbere. Se adaugă amestecul de fructe și se fierbe la căldură moderată până se îngroașă, aproximativ 45 de minute. Se pune în oală în borcane de ping fracționate , sterilizate , fierbinți și se sigilează imediat.

100. Chutney de lămâie

INGREDIENTE:
- 12 tei
- 2 păstăi usturoi
- 4 inch bucată de ghimbir
- 8 ardei iute verzi
- 1 lingura praf de chilli
- 12 linguri de zahăr
- 1 cană de oțet

INSTRUCȚIUNI:
a) Curățați limele și tăiați-le în bucăți mici, îndepărtând semințele. Păstrați orice suc de lămâie care se adună la tocare.
b) Segmentează fin usturoiul, ghimbirul și ardeiul iute.
c) Se amestecă toate ingredientele, cu excepția oțetului.
d) Se fierbe la foc mic până când amestecul devine gros. Se adaugă oțetul și se fierbe timp de 5 minute.
e) Se răcește și se îmbuteliază. Mănâncă după 3-4 săptămâni.

CONCLUZIE

Pe măsură ce ne încheiem călătoria prin lumea deserturilor filipineze americane, sper că această carte de bucate v-a inspirat să îmbrățișați dulceața vieții și să sărbătoriți bogata moștenire culturală care modelează experiențele noastre culinare. „Mayumu: Deserturi filipineze americane" a fost creat cu o pasiune pentru a onora tradiția, a stimula creativitatea și a împărtăși bucuria dulciurilor cu cei dragi.

Vă mulțumesc că mi-ați fost alături în această aventură delicioasă. Fie ca bucătăria ta să fie plină de arome de bibingka proaspăt coaptă, de culorile vibrante ale halo-haloului și de amintirile dulci ale momentelor împărtășite cu familia și prietenii. Fie că vă răsfățați cu o felie de tort sau să savurați o lingură de cremă, fie ca fiecare mușcătură din aceste deserturi filipineze americane să vă aducă mai aproape de inima și sufletul acestei bucătării îndrăgite.

Până ne întâlnim din nou, coacere fericită și fie ca deserturile tale să fie mereu pline de dulceața Mayumu. Vă salutăm și bucurați-vă de fiecare moment delicios!